Bildnachweis

Colourbox.de (S. 5 rechts, 16, 22, 28, 39, 48, 57, 80/81, 90, 92),

Fotolia.com (arfo: S. 19 unten; azurita: S. 35; petrabarz: S. 9 links; Silvia Bogdanski: S. 86; Marina Boyarkina: S. 5 Mitte, 37; CCat82: S. 83; chudo2307: S. 13, 24; Dar1930: S. 60; ExQuisine: S. 61, 70; Antonmaria Galante: S. 74; hartpix: S. 17; HLPhoto: Titelfoto, S. 40; kab-vision: S. 32; Lepanto: S. 31; lilechka75: S. 79; Printemps: S. 36; Quade: S. 56; sarsmis: S. 42; Visions-AD: S. 62 rechts; wideonet: S. 63),

Dr. Lutz Gebhardt (S. 2, 9 rechts, 10, 19 oben, 21 rechts, 26, 27, 30, 43, 47, 50, 62 links, 64, 65, 88),

Eric Kutschinski (S. 95),

Marcel Palleit (S. 7),

Carola Ruff (S. 52, 76),

The Food Professionals (HENGLEIN: S. 66),

Verlagsarchiv (S. 5 links, S. 21 links, 69)

Rezeptverzeichnis

Inhalt

Norddeutsch genießen

Wer denkt bei Mecklenburg-Vorpommern nicht sofort an Urlaub, Sonne, Strand, gute Luft und Ostsee? An feinen Backfisch, leckeren Räucheraal oder einfach nur das knusprige Matjesbrötchen?

Fest steht, dass Mecklenburg-Vorpommern das beliebteste regionale Reiseziel ist, wenn wir Deutschen zuhause Urlaub machen. Aber auch immer mehr internationale Gäste entdecken die Reize des Küsten- und Seenlandes oder der fünf schönen Ostseeinseln.

Charakteristisch für die Landschaft zwischen Mecklenburger Bucht und Bodden, von der Ostseeküste bis zur Mecklenburgischen Seenplatte, zwischen Oder und Elbe, ist der Reichtum an Wald- und Heideland wie an großen und kleinen Gewässern. Und so stammt auch das Meiste, was in Topf und Pfanne landet, aus der Ostsee, aus den heimischen Seen und Wäldern, von Feldern, Wiesen und Weiden. Denn so bunt und vielfältig wie das Land und seine Regionen sind auch die kulinarischen Traditionen und Vorlieben.

Einen besonderen Platz in der Esskultur des Landes im Norden haben natürlich vor allem Fische wie Aal, Dorsch, Hering, Makrele, Flunder oder Zander, seltener Meeresfrüchte wie Krabben, Krebse oder Miesmuscheln.

Ein absolutes Muss für jeden Ostsee-Urlauber ist es, wenigstens einmal geräucherten Fisch zu probieren. Ob am Alten Strom in Warnemünde direkt vom Fischkutter oder bei einer echten Traditions-Fischräucherei auf der Insel Usedom – es gibt unzählige Orte, um dieser Versuchung zu erliegen. Eine Spezialität ist geräucherter Ostseeaal, den man im Frühjahr oder Sommer trotz Überfischung der Bestände noch immer an einem der überall aufgestellten Räucheröfen und kleinen Verkaufswagen kosten kann. Aber auch geräucherte Makrelen oder Forellen sind eine Delikatesse. Räucherfisch eignet sich zudem hervorragend als maritimes Geschenk.

In Mecklenburg-Vorpommern wird Fisch eigentlich immer gegessen: gedünstet, gegrillt, gebraten oder gern sauer eingelegt.

Wie die beliebten Rollmöpse, die nach Partys oder am Neujahrsmorgen oft lebenserweckende Dienste leisten.

Weitere Spezialitäten heißen Dorsch mit Gemüse, Rügener Aalsuppe, Rostocker Fischtopf oder Backfisch in Bierteig. Sie stehen auf den Speisekarten in den zahlreichen gemütlichen Kneipen und Fischerstuben des Landes. Für den Feinschmecker und alle, die das ganz Ausgefallene lieben, kochen mittlerweile schon 10 Sterneköche in Mecklenburg-Vorpommern ihre Versionen traditioneller Gerichte.

Garantiert hat alles, was hier in Töpfen und Pfannen köchelt, erstklassige Qualität und kommt sozusagen von nebenan, denn die Wege zwischen Fischer und Koch sind kurz.

Noch besser schmeckt es, wenn man die Angel oder zumindest die Zubereitung selbst in die Hand nimmt. Dabei helfen Ihnen sicher die Tipps und Rezepte in diesem Buch. Jedes Rezept lässt sich auch kreativ abwandeln. Guten Appetit!

Wenn nicht anders angegeben, gelten alle Rezepte für vier Personen.

Fischreichtum aus den Binnengewässern

Ein wahres Paradies für Angler liegt zwischen Elbe und Oder. Hier gibt es mehr als 2000 große und kleine Seen, schöne Flüsse, Bäche und zahllose Teiche, Kanäle, Fließe, Sölle und Torfstiche. Die meisten Angelgewässer befinden sich in weitgehend natürlichem Zustand und mehr als 50 Fisch-Arten tummeln sich in ihnen. Einige der beliebtesten seien hier kurz vorgestellt.

Der **Aal** (Europäischer Flussaal) ist wie der Lachs (siehe S. 12) ein Wanderfisch, der sowohl im Salz- als auch im Süßwasser lebt. Die Larven schlüpfen im Atlantischen Ozean, treiben mit dem Golfstrom an die europäischen Küsten und steigen ca. im 4. Lebensjahr auf in die Flüsse. In unseren Gewässern weilt der Aal bis zu 10 Jahre, dann kehrt er zurück an die Stätte seiner Geburt.

Mindestmaß = die Länge, die ein Fisch mindestens haben muss, damit der Angler ihn behalten und verwerten darf.

So kann man Aale häufig in den Mecklenburger Seen und Flüssen an die Angel bekommen (Schonzeit, also Fangverbot, Dezember bis Februar). Das Mindestmaß ist 50 cm, weibliche Aale erreichen eine Länge von 60 bis 130 cm und ein Gewicht von 6 kg. Männliche Aale bleiben mit einer maximalen Länge von 60 cm wesentlich kleiner. Aalfleisch ist sehr fettreich, aber ausgesprochen delikat. Beliebte Zubereitungsarten sind „Aal blau oder grün“ gekocht. Er kann gebacken, gebraten, gefüllt und mariniert werden. Am beliebtesten ist jedoch Räucheraal.

Der (Fluss)**Barsch** kommt in allen Mecklenburger Gewässern vor. Sein Mindestmaß beträgt 17 cm. Aus kulinarischer Sicht ist der Barsch einer der feinsten Süßwasserfische: Sein festes, weißes, sehr fettarmes und leicht verdauliches Fleisch ist einfach köstlich. Er ist zudem grätenarm. Einzig das Schuppen ist nicht ganz einfach. Am besten sollte man ihn filetieren und dann die Haut abziehen. Eine andere Möglichkeit wäre

Bootshäuser an der Müritz bei Röbel

das Schuppen mit einem Reibeisen. Die Zubereitungsarten sind vielfältig: Sehr lecker ist Barsch mit Haut in Butter gebraten, kleine Exemplare munden auch gebacken.

Die (Regenbogen)**Forelle** wird in Deutschland als Süßwasserfisch gezüchtet, lebt in Mecklenburg zum Teil aber auch in Teichanlagen, Seen und ausgewiesenen Salmonidengewässern. Hauptmerkmal dieser Forellenart ist ein breites, leicht metallisch rötlich leuchtendes Band entlang der Körperseiten. Kopf, Körper, Rücken und Schwanzflosse sind mit zahlreichen dunklen Tupfen gekennzeichnet.
Ihr fettarmes, weißes bis rosa Fleisch ist sehr schmackhaft, besonders als Räucherfisch. Man kann es aber auch pochieren, dämpfen, braten, grillen, in Terrinen oder zu Klößchen verarbeiten.

Der **Hecht** ist in vielen Seen und Flüssen Mecklenburgs zu Hause. Er muss 45 cm lang sein, seine Fangzeit ist von Mai bis Dezember. Der wertvolle, fettarme Speisefisch kann gedünstet, gebraten, pochiert, gefüllt, gebacken, gebraten, geröstet und gekocht werden. Zuvor muss man den Fisch jedoch von den sehr fest sitzenden Schuppen befreien. Effektiv ist es, sie mit einem scharfen Messer gegen den Strich von der Haut zu streichen. Hechtfleisch ist mager und angenehm aromatisch, jedoch sehr grätenreich.

Fischerboote bei Ummanz

Der **Karpfen** zählt zu den Friedfischen, er ist in fast allen Binnengewässern Mecklenburgs zu finden, Mindestmaß 40 cm. Leider ist er ebenfalls ein grätenreicher Fisch. Aber Karpfenfleisch schmeckt sehr gut und liefert die gesunden Omega-6-Fettsäuren. Karpfen gehören mit einem Anteil von 4,8 Prozent Fett zu den mittelfetten Süßwasserfischen. Man kann ihn in Bierteig backen, paniert braten oder als „Karpfen blau“ dünsten.

Rotaugen (auch Plötzen genannt) leben in fast allen Mecklenburger Gewässern, in Teichen, Seen und Flüssen. Es gibt für sie kein Mindestmaß und keine Schonzeit. Rotaugen haben wohlschmeckendes festes Fleisch, das aber von kleinen, feinen Gräten durchsetzt ist. Am besten entfernt man diese vor der Zubereitung des Fischs mit einer Pinzette.

Der **Zander** ist zwar in vielen größeren Mecklenburger Seen anzutreffen, aber schwer zu fangen. Sein Mindestmaß ist 45 cm, er kann bis 120 cm lang und 20 kg schwer werden, im April und Mai ist Schonzeit.
Der Fisch hat am Körper kleine Schuppen, die sich leicht entfernen lassen. Dank seines praktisch grätenfreien, weißen Fleisches ist der Zander ein sehr beliebter Speisefisch. Auf der Haut gebraten schmeckt er mit nahezu jeder Beilage.

Fangfrisch aus der Ostsee

Beliebte Speisefische aus der Ostsee sind u.a. Dorsch (Kabeljau), Hering, Makrele, Flunder, Scholle oder auch Lachs.

Dorsch oder **Kabeljau**? Je nach seinem Alter wird der Speisefisch als Kabeljau oder Dorsch bezeichnet. Den Jungfisch nennt man Dorsch, den laichreifen Fisch Kabeljau. Die in der Ostsee gefangenen Exemplare dieser Fischart werden grundsätzlich als **Dorsch** bezeichnet.
Der Dorsch kann bis zu 1,5 m lang und bis zu 55 kg schwer werden. Durch Überfischung der Bestände erreicht er heute nur noch eine handelsübliche Größe von 40 cm und ein Gewicht von ca. 1 kg.
Dorsch hat einen hohen Gehalt an Vitamin A und D, mit 0,6 Prozent Fettanteil ist er sehr mager. So gilt der Fisch mit dem leicht salzigen Geschmack vielen Feinschmeckern als Delikatesse. Er punktet mit festem, aber zarten Fleisch, das gegrillt, gedünstet, gebacken und gebraten, frittiert oder auch gekocht werden kann.
Ganze Fische sollten eventuell erst geschuppt und dann in einer Bratfolie oder auch in einer Fettpfanne mit ein wenig Weißwein-Fischsud im Backofen garen. Empfehlenswert ist es, den Fisch vor Ende der Garzeit mit ein wenig saurer Sahne oder Crème fraîche zu bestreichen.

Heringe aus der Ostsee gehören nicht nur regional zu den wichtigsten und beliebtesten Speisefischen. Sie können bis zu 45 cm lang und 1 kg schwer werden, meist sind sie kleiner. Die Fische werden zu Rollmops, Salzhering, Matjes oder Hering in saurer Sahnesoße verarbeitet. Doch nicht nur in fertiger Zubereitung auch frisch ist der Hering erhältlich. Sein zartes Fleisch hat einen hohen Fettanteil von durchschnittlich 14,9 Prozent und liefert unserem Körper Vitamine wie z. B. Vitamin A, B_2, B_6, B_{12}, Jod, Mineralstoffe und Omega-3-Fettsäuren.
Der charakteristische Geschmack des Herings garantiert tollen Fischgenuss. Beliebte Rezepte sind Bratheringe, Matjes in Dillsahne, Heringssalat.

Die **Makrele** ist ein sehr vielseitiger Speisefisch. Sein zartes und saftiges Fleisch mit einem relativ hohen Fettanteil von 9,6 Prozent versorgt uns mit gesunden Omega-3-Fettsäuren. In Deutschland kann man Makrelen sowohl frisch als auch geräuchert, gebeizt, tiefgekühlt oder mariniert in Konserven kaufen. Die Rezeptvielfalt für den frischen Fisch ist groß – gern wird er gegrillt, gebraten, gebacken, gekocht, gedünstet, für Suppen und Salate verwendet oder geräuchert als Butterfisch oder Buttermakrele angeboten.
Nicht nur an der Nordsee, auch an der Ostsee werden mittlerweile wieder regelmäßig gute Makrelen gefangen.

Plattfische wie Flunder, Scholle Kliesche, Glatt- oder Steinbutt tauchen in ufernahen Küstengewässern häufiger auf. Am weitesten verbreitet ist die (Ostsee)**Flunder**, die hier irrtümlicherweise oft als Scholle bezeichnet wird. Sie ist vor allem an den knöchernen Körnchen in der Haut entlang der Seitenlinie erkennbar und fühlt sich im Unterschied zur Scholle beim Darüberstreichen mit den Fingern sehr rau an. Durchschnittlich erreicht sie eine Größe von 25 bis 30 cm sowie 1 bis 1,5 kg Gewicht. Der beliebte Speisefisch besticht mit festem, grätenfreiem, eiweißreichem Fleisch, das man gut braten oder räuchern kann. Vor dem Zubereiten muss man Flundern nicht häuten, sollte jedoch vor dem Servieren die dunkle unansehnliche Hautseite abziehen. Man serviert die Flunder stets mit der hellen Seite nach oben.

Nicht ganz unerwähnt soll **Ostsee-Lachs** sein – eine Unterart des *Atlantischen Lachs*. Ostsee-Lachs hat ebenfalls wohlschmeckendes, gräten- und fettarmes, jedoch deutlich helleres Fleisch als man es sonst vom Lachs kennt, weil er sich hauptsächlich von Brislingen, Sprotten und Heringen ernährt. Regional gehört der aus Wildfang stammende Ostsee-Lachs zu den Delikatessen, wird fangfrisch direkt vom Kutter für die Küche angeboten, aber auch geräuchert. Lachs kann man braten, beizen, sauer einlegen und natürlich räuchern.

Karpfen vor der Zubereitung

Tipps zu Einkauf und Zubereitung

Kaufen Sie **frischen Fisch / Fischfilets** nicht auf Vorrat. Der ideale Tag zum Einkauf von Frischfisch ist der Tag, an dem Sie ihn auch zubereiten.

Frischemerkmale

Augen: Sie sollten klar und prall sein. Trübe, milchige oder eingefallene Augen sind oft Zeichen für einen zu alten Fisch.

Haut: Sie glänzt metallisch, hat fest sitzende Schuppen, keine Druckstellen oder Verletzungen. Bei frischen Süßwasserfischen ist die Haut mit einer klaren Schleimschicht überzogen. Alter Fisch zeigt keine Farbreflexe mehr, bei Druck bleibt die Stelle länger sichtbar und seine Schuppen sind leicht zu lösen. Überlagertem Süßwasserfisch fehlt die Schleimschicht oder ist trüb.

Farbe: Frischer Fisch sollte an allen Stellen, an denen sein Blut sichtbar wird, wie

beispielsweise an den Kiemen und an der Innenseite der Bauchhöhle, leuchtend rot sein. Kaufen Sie keine Fische mit grauen Kiemen und bräunlichen Blutspuren!
Geruch: Schnuppern Sie an Ihrem Fisch: Er sollte ein wenig nach Jod und Algen duften. Wenn er unangenehm riecht – Finger weg!

Diese Frischemerkmale gelten auch für Filets und geräucherten Fisch. Sie dürfen nicht nach Fisch riechen! Filets haben einen silbrigen Glanz, ihr Fleisch wirkt saftig. Ist es mattweiß oder milchig, glanzlos oder trocken, sind die Filets zu alt. Geräucherter Fisch darf keine trockenen Ränder, grauen Flecken oder einen schmierigen Belag haben.

Im Notfall hält sich frischer Fisch 1 Tag im Kühlschrank. In dem Fall aus der Verpackung nehmen, in einem neutralen Gefäß aufbewahren, am besten mit Folie oder Kühlakku bedecken.
Geräucherter Fisch ist abgedeckt bis zu 3 Tage im Kühlschrank haltbar.
Wenn Sie doch mehr *frischen* Fisch haben, als Sie verarbeiten können, dann kann man ihn auch **einfrieren**. So geht's: Der fangfrische, ausgenommene, ausgeblutete ganze Fisch (alternativ Filets) sollte am besten zusätzlich mit einer dünnen Eisschicht überzogen werden. Dafür den küchenfertigen Fisch auf Alufolie legen und vorfrieren, so dass er außen hart und kalt ist. Danach in sehr kaltes Wasser tauchen und kurz warten, bis sich eine Eisschicht auf der Haut bildet. Das Ganze 2 bis 3 Mal wiederholen, in Gefrierbeuteln luftdicht verpacken und einfrieren. Beschriften nicht vergessen. Bei minus 18 °C kann so eingefrorener Fisch 3 bis 4 Monate lagern.

Die Qualität von gekauftem **gefrorenen Fisch** bzw. **Fischfilet** steht der von frischem Fisch etwas nach.
Hier sollten Sie beim Kauf auf das **Verfallsdatum** achten: Fette Fische sollten nicht länger als zwei Monate, magere Fische nicht länger als fünf Monate tiefgekühlt aufbewahrt werden. Die Packungen müssen unbeschädigt sein. Für die Zubereitung den gefrorenen Fisch am besten zugedeckt, langsam im Kühlschrank auftauen und dann rasch verarbeiten.

Als Faustregel für den Fischeinkauf gilt: **200 Gramm Fischfilet pro Person**. Für den Kinderteller reichen 150 Gramm. Bei **ganzen Fischen** sollte man bedenken, dass Abfall (Kopf, Flossen, Gräten) anfällt. Als Faustregel gilt hier: Für 200 Gramm Fischfleisch 250 bis 350 Gramm vom ganzen Fisch einkaufen, wobei das je nach Fischart variieren kann.

Für eine 200 Gramm-Portion benötigen Sie z. B. folgende Menge an unvorbereitetem Fisch:

knapp 300 g Hering
350 g Dorsch
325 g Makrele
knapp 300 g Makrele, geräuchert
350 g Flunder/Scholle

Fisch vorbereiten

Für Ungeübte ist es sicher am einfachsten, den Fischhändler zu bitten, den Fisch zu schuppen und auch auszunehmen.
Wer es sich selbst zutraut, bekommt hier die nötigen Hinweise nach dem sogenannten **Drei-S-System – Säubern | Säuern | Salzen**:
Zuerst mit einer Schere oder einem scharfen Messer die Flossen dicht am Rücken entlang abschneiden und die Kiemen entfernen.
Je nach Art der gewünschten Zubereitung muss man den Fisch **schuppen** oder kann darauf verzichten. Soll die Haut also mitverzehrt werden, wird der Fisch geschuppt: Dafür den Fisch gut festhalten und mit einem Messerrücken von der Schwanzwurzel bis zum Kopf hin entgegen der Wuchsrichtung die Schuppen abschaben.
Danach folgt das **Ausnehmen**. Den Bauch vom After bis zum Kopf aufschneiden. Den Bauch aufklappen und die Eingeweide vorsichtig entnehmen. Dabei unbedingt darauf achten, dass die Galle nicht verletzt wird. Die bittere Gallenflüssigkeit kann den Fisch ungenießbar machen. Wird die

Entschuppen eines Rotauges (Plötze) mit einem speziellen Fischentschupper

Gallenblase doch verletzt, den Fisch rasch und sorgfältig auswaschen!

Den ausgenommenen Fisch gründlich mit klarem kaltem Wasser ausspülen und anschließend vorsichtig trocken tupfen.

Bei dem früher an dieser Stelle üblichen **Säuern** mit Zitronensaft des Fisches scheiden sich mittlerweile die Geister. Die Maßgabe stammt aus der Zeit, als der Fischtransport zum Verbraucher viel länger gedauert hat. Durch Säuern sollte die Geruchsbildung beim Zubereiten verringert werden. Bei wirklich frischem Fisch und aufgetautem Tiefkühlfisch ist das heute nicht mehr unbedingt nötig. Sie können also den Fisch auch erst nach der Zubereitung mit Zitronensaft beträufeln. Vor der Zubereitung hat das Säuern allerdings den Effekt, dass das Fleisch fester wird. Wer das möchte, darf also auch vor dem Braten säuern.

Damit das Salz dem Fisch keine Flüssigkeit entzieht, den Fisch erst kurz vor dem Garen gut **salzen**!

Küchenfertig gekaufte Fischfilets ebenfalls wie beschrieben vorbereiten.

Für das **Filetieren** ein dünnes, scharfes nicht zu langes Messer oder ein spezielles Filetiermesser verwenden.

Prima Küchenhilfen:
Filetiermesser und Grätenkamm

Rundfische filetieren:

Zum Auslösen des ersten Filets am Fischrücken entlang der Mittelgräte schneiden. Der Schnitt sollte ungefähr so tief sein wie die Mittelgräte. Dann das Filet vom Kopfende her auslösen. Die daran hängenden Bauchgräten mit dem Messer flach abschaben und den Kopf abtrennen, indem man auf beiden Seiten das Fleisch bis zur Mittelgräte (Wirbelsäule) einschneidet und diese durch Druck zerbricht oder mit einem kräftigen Schnitt durchtrennt. Den Fisch wenden und das zweite Filet ebenso auslösen – entlang der Mittelgräte schneiden und diese zusammen mit der Schwanzflosse aus dem Fleisch lösen. Um die Haut zu entfernen, den Fisch auf die Hautseite legen und einen schmalen Streifen Fleisch über der Haut abschneiden, dann das Messer zwischen Haut und Filet hindurchziehen.

Plattfische filetieren:

Den Fisch mit der dunklen Rückenseite nach oben auf die Arbeitsfläche legen. Direkt hinter dem Kopf im Halbkreis Fleisch und Haut so weit einschneiden, bis man den Widerstand der Gräten spürt. Die Mittelgräte des Fischs befindet sich unter der dunklen Linie, die man auf der Fischhaut (vom Kopf bis zum Schwanz) sieht. Neben dieser Linie, entlang der Mittelgräte, schneiden, bis die Seitengräten fühlbar sind. Jetzt das erste Filet von der Kopfseite und von der Mittelgräte aus direkt über den Seitengräten flach abtrennen und auslösen. Das zweite Filet auf die gleiche Weise abheben. Den Fisch vorsichtig umdrehen und nun genauso die dünnen Bauchfilets auslösen.

Lösen Sie unbedingt auch das Fleisch aus den Fischbäckchen aus, bei fast allen Fischen schmeckt es besonders gut.

Gesund und munter mit Fisch

Ernährungswissenschaftler raten zu ein- bis zweimaligem Fischgenuss pro Woche, denn Fisch trägt dank seiner wertvollen natürlichen *Inhaltsstoffe* zweifellos zur gesunden Ernährung bei:

- leicht verdauliches tierisches Eiweiß
- essentielle Aminosäuren (Eiweißbausteine wie Tyrosin oder Tryptophan)
- mehrfach ungesättigte Fettsäuren (Omega-3-Fettsäuren)
- Mineralstoffe und Spurenelemente wie Kalium, Kalzium, Jod, Zink, Selen, Eisen, Magnesium
- Vitamine A, B und D

Natürlich wollen sich die meisten möglichst fett- und kalorienarm ernähren. Dann sollten sie zu Dorsch, Flunder oder Hecht greifen. Dorsch enthält auch viel Jod und Selen, welche die Schilddrüsenfunktion unterstützen.

Doch auch fettreichere Fische sind für die Gesundheit empfehlenswert. Hering, Makrele und Atlantischer Lachs enthalten zwar mehr Kalorien, aber auch wertvolle Omega-3-Fettsäuren, die das Herz-Kreislauf-System schützen und damit Schlaganfallrisiken mindern können. Zugleich wirken sie cholesterinsenkend, reinigend, verhindern die Verkalkung der Blutgefäße und schützen somit vor Demenz. Der regelmäßige Verzehr von fettreichem Fisch fördert auch die geistige Leistungsfähigkeit. Ältere Menschen und Schwangere profitieren von seinem hohen Vitamin-D-Gehalt, der die Einlagerung von Kalzium unterstützt.

Das alte Sprichwort, dass jemand „munter wie ein Fisch im Wasser" ist, kann auch auf andere Weise verstanden werden: Fisch enthält die Eiweißbausteine Tryptophan und Tyrosin. Tryptophan ist eine Vorstufe des Serotonins, das für die positive Stimmungslage verantwortlich ist. Tyrosin stärkt die körperliche, seelische und mentale Leistungsfähigkeit des Menschen – es macht uns fit und wach.

Rezepte

Rollmops selbst gemacht

12 Stück

12 Salzheringsfilets (bereits vom Fischhändler gewässert und filetiert)

1 EL Paprika edelsüß

mittelscharfer Senf

1 – 2 rote Zwiebeln

3 – 4 saure Gurken

nach Geschmack 1 EL Kapern

Marinade:

4 – 5 EL 10%iger Essig

1 TL Piment- und Pfefferkörner

2 Lorbeerblätter

etwas Estragon

1 EL Zucker

Für die Marinade 1 Liter Wasser mit Essig und den Gewürzen zum Kochen bringen, noch ca. **20 bis 25 Minuten** weiter köcheln, dann abkühlen lassen.
Währenddessen die vorbereiteten Heringsfilets mit Senf bestreichen, mit etwas Paprikapulver bestreuen und mit Gurkenfilets, Zwiebelringen und evtl. einigen Kapern belegen. Zusammenrollen und mit ein bis zwei Holzspießchen feststecken.
Die Rollmöpse in ein großes verschließbares Glas schichten, die abgekühlte Marinade darüber gießen und gut verschlossen im Kühlschrank oder an einem anderen kühlen Ort mindestens **4 Tage** durchziehen lassen.

Die Rollmöpse sind in der Marinade wochenlang haltbar. Zum Herausnehmen eine Holzzange oder Gabel benutzen, nicht die Finger, damit die Lake nicht verdirbt.

Die Leuchttürme von Kap Arkona auf Rügen

Gabelbissen

- *8 Matjesfilets*
- *3 große Zwiebeln*
- *einige Lorbeerblätter*
- *6 Pimentkörner*
- *10 Wacholderbeeren*
- *mittelscharfer Senf*
- *Öl (Sonnenblumenöl)*

In eine Schüssel oder Auflaufform etwas Öl gießen und ein Lorbeerblatt, 3 Wacholderbeeren und 2 Pimentkörner dazugeben. Die Zwiebeln schälen und in dünne Ringe schneiden. Die Matjesfilets dick mit Senf bestreichen und in mundgerechte Stücke schneiden. Abwechselnd mit den Zwiebelringen und den restlichen Gewürzen in die Form schichten. Zuletzt mit so viel Öl begießen, dass alles bedeckt ist. Nun an einem kühlen Ort mit Folie abgedeckt mindestens **8 Stunden** bis zum Verzehr durchziehen lassen. Dazu passen frisches Bauernbrot und ein kühles Bier.

Ebenso wie Rollmops ein beliebter Snack als „Grundlage" z. B. zu Silvester oder nach einer durchzechten Nacht als Katerfrühstück.

Bratheringe

8 grüne Heringe (ca. 1000 g)

Salz, Pfeffer, Mehl, Öl

Marinade:

2 – 3 mittelgroße Zwiebeln

1/4 l Essig

80 – 100 g Zucker

1 TL Salz

1 EL Wacholderbeeren

1 EL Pfefferkörner

1 EL Pimentkörner

1 EL Senfkörner

4 Lorbeerblätter

Die küchenfertigen, kopflosen Heringe nochmals gut ausspülen und anschließend mit Küchenpapier trocken tupfen. Innen und außen gut mit Salz einreiben und mit Mehl bestäuben. Danach in heißem Öl ca. **5 bis 6 Minuten** braten und auf Küchenpapier abtropfen lassen.

Für die Marinade die Zwiebeln schälen und in dünne Ringe schneiden. Den Essig mit Zucker, knapp 3/4 Liter Wasser und Salz erhitzen. Wacholderbeeren, Pfeffer- und Pimentkörner im Mörser grob zerstoßen. Dann zusammen mit den Senfkörnern und den Lorbeerblättern in die Marinade geben. Den Sud einmal aufkochen lassen, die Marinade kräftig abschmecken und lauwarm über die gebratenen Heringe gießen, so dass sie vollständig bedeckt sind. Die Heringe abgedeckt im Kühlschrank **2 bis 3 Tage** durchziehen lassen.

Schmecken sehr gut zu knusprigem Bauernbrot, Brat- oder Pellkartoffeln.

Endivien-Matjes-Salat

1 mittelgroßer Kopf Endiviensalat

4 – 5 gekochte kalte Kartoffeln

6 Matjesfilets

1 Zwiebel

Marinade:

3 EL Essig

Salz, 1 Prise Zucker

frisch gemahlener Pfeffer

1 EL Öl

1 Bund frischer Dill

150 g saure Sahne (10 % Fett)

Endiviensalat entblättern, die Salatblätter **5 bis 10 Minuten** in lauwarmem Wasser einlegen. Anschließend in kaltem Wasser kurz waschen. Abtropfen lassen und in Streifen schneiden. Von den Pellkartoffeln die Schale abziehen. Kartoffeln und Matjesfilets würfeln. Zwiebel schälen, in feine Ringe schneiden. Alles mit dem Endiviensalat mischen.
Für die Marinade Essig, Salz, Zucker, Pfeffer und Öl nach Geschmack in einem kleinen Gefäß verrühren und über den Salat geben. Etwa **30 Minuten** durchziehen lassen. Saure Sahne mit etwas Salz, Pfeffer und klein geschnittenem frischem Dill verrühren und kurz vor dem Servieren über den fertigen Salat geben.
Mit frischem Brot und einem kühlen Bier ist dieser Salat zum Brunch, als Katerfrühstück oder für ein schmackhaftes Abendessen geeignet.

Herings-Kartoffel-Salat

300 g gekochte, geschälte Pellkartoffeln

5 – 6 Gewürzgurken (je nach Größe)

etwa 300 g eingelegte Bismarckheringe

2 mittelgroße Zwiebeln

2 mittelgroße Äpfel

3 – 4 EL warme Brühe

Marinade:

250 g Salatcreme oder Salatmayonnaise

2 TL mittelscharfer Senf

2 EL Weinessig

Salz, 1 gute Prise Zucker

gemahlener schwarzer Pfeffer

1 EL Öl

2 – 3 EL klein geschnittener Dill

Außerdem:

2 Gewürzgurken

2 hart gekochte Eier

1 EL Schnittlauchröllchen

Pellkartoffeln in eine Salatschüssel würfeln. Gewürzgurkenwürfel dazugeben. Heringe gut abtropfen lassen und dann in mundgerechte Stücke teilen. Zwiebeln mit Hilfe der Gemüsereibe in eine große Schüssel reiben. Äpfel ohne Schale und Kernhaus in Würfel schneiden. Alle Zutaten in der Schüssel miteinander vermischen. Einige Esslöffel der warmen Brühe unterheben.

Salatcreme oder -mayonnaise in eine zweite Schüssel geben. Mit den Gewürzen, Essig und Öl verrühren. Unter den Heringssalat mischen. Fein gehackten Dill zum Salat geben. Den Heringssalat noch etwa **1 bis 2 Stunden** durchziehen lassen. Vor dem Servieren mit Gewürzgurkenstreifen, Schnittlauch und Eiervierteln garnieren.

Fischsalat auf Brot

2 Brat- oder Bismarckheringe (250 g)

1 süß-säuerlicher Apfel

3 hart gekochte Eier

Marinade:

100 g Salatcreme oder ersatzweise Mayonnaise (FP oder selbst gemacht)

2 eingelegte Sardellen oder 1 gestrichener TL Sardellenpaste, nach Geschmack

wenig Salz

reichlich gemahlener schwarzer Pfeffer

Außerdem:

6 Scheiben Toastbrot oder entsprechend mehr Baguette

2 Gewürzgurken aus dem Glas

2 Sardellen oder 4 gefüllte Sardellenringe

Für die Marinade Mayonnaise oder Salatcreme verrühren, klein geschnittene, etwas entwässerte Sardellen zugeben. Nicht zu sparsam mit Pfeffer würzen.

Den Apfel grob raspeln, unter die Salatmarinade heben. Die Bratheringe in kleinere Stücke zupfen, ebenfalls locker darunter heben. Alternativ Bismarckheringe in kleine Stücke schneiden. Die Eier schälen, erst in Ringe, anschließend in grobe Würfel schneiden. Etwa die Hälfte der Eierwürfel unter den Fischsalat heben.

Brot vortoasten, auf Teller legen, diagonal in Dreiecke schneiden, Baguettescheiben nicht teilen. Fischsalat üppig auf die Brote verteilen, darüber jeweils ein paar Eierwürfel streuen. Die Brote mit Gewürzgurke und Sardellen dekorieren.

Man kann den Fischsalat auch zusammen mit einer Beilage aus Pell- oder Bratkartoffeln als Hauptgericht servieren.

Sommermatjes

für 2 Personen

2 frische Doppel-Matjesfilets der Saison (ca. 250 g)

Salat:

1/2 grüne Salatgurke

je 1 rote und grüne Paprikaschote

einige Radieschen

4 – 5 Kirschtomaten

reichlich frische Petersilie und Dill

1 rote oder helle Zwiebel

Salatsoße:

Weinessig

heller Balsamico-Essig oder Weißweinessig nach Geschmack

etwas Zucker

Salz, frisch gemahlener Pfeffer

2 TL Worcestersoße

2 EL Pflanzenöl

In eine große Salatschüssel geschälte Gurkenwürfel geben. Von den gewaschenen Paprikaschoten Kerne und weiße Häutchen entfernen, in grobe Würfel oder Streifen schneiden. Radieschen in Scheiben schneiden, ein paar halbierte Kirschtomaten zufügen.

Zwiebel schälen, in dünne Ringe schneiden. Reichlich frische Kräuter fein hacken. Alle Zutaten in der Schüssel gut vermengen.

Salatsoße aus den angegebenen Zutaten zubereiten, über den Salat gießen und vorsichtig unterheben. Matjesfilets in beliebige Stücke schneiden, zuletzt unter den Salat heben. Den Salat etwa **1 Stunde** durchziehen lassen, nochmals abschmecken. Eine sehr gute Salatmahlzeit mit Brot oder mit frisch gekochten Pellkartoffeln ein vollwertiges Gericht für Zwei.

Am Darßer Weststrand

Räucherfischsalat

750 g geräucherter Fisch (z. B. Heilbutt, Makrele, Seelachs)

2 Zwiebeln

1 Bund Petersilie, Schnittlauch oder Dill (oder alle drei Kräuter gemischt)

100 g grüne Gurke

1 rote Paprika, 4 feste Tomaten

Marinade:

knapp 1/8 l Weißwein

4 EL Essig

Worcestersoße, Pfeffer, Salz

Den Räucherfisch von Haut und Gräten befreien und in mundgerechte Würfel teilen. Die gehackten Zwiebeln und Kräuter zufügen. Gurke ohne Schale, Paprika ohne Kerne und weiße Häutchen und die Tomaten klein würfeln und dazugeben. Alles vorsichtig vermengen.
Aus den angegebenen Zutaten eine würzige Marinade rühren und unter den Salat heben. Zum Durchziehen abgedeckt **1 Stunde** in den Kühlschrank stellen.

Rührei mit Räucheraal

- *4 – 6 Eier*
- *150 ml Milch*
- *1 EL Schnittlauch, in Röllchen geschnitten*
- *Salz, Pfeffer aus der Mühle*
- *3 EL Butter*
- *4 – 6 Scheiben Schwarz- oder Vollkornbrot*
- *200 g Räucheraal ohne Haut*

Eier, Milch, Schnittlauch mit Salz und Pfeffer gut verrühren. Mit der Hälfte der Butter in der Pfanne unter Rühren goldgelb braten.

Das Brot etwas toasten oder rösten und dann mit der restlichen Butter bestreichen.

Aalfilet in mundgerechte Stücke teilen, im Rührei kurz mit erwärmen und dann alles auf den Butterbroten anrichten, mit Dill garnieren.

Ein feiner Snack zwischendurch oder ein leckeres kleines Abendbrot.

Salat mit gebratenem Barschfilet

400 g Barschfilet (alternativ Seelachs oder Zander)

Salz, 2 EL Zitronensaft

1 EL Öl

3 – 4 Knoblauchzehen

1 Salatkopf (Eisberg, Radicchio)

4 Radieschen

einige halbierte Kirschtomaten

1/2 grüne Gurke

Marinade:

3 EL Weißer Balsamico

1 TL mittelscharfer Senf

Salz, Pfeffer

1 – 2 EL Olivenöl

1 TL Paprikapulver (rosenscharf)

1 EL Schnittlauchröllchen

Küchenfertigen Fisch mit Zitronensaft beträufeln und kurz vor dem Braten leicht salzen. Öl in einer Pfanne erhitzen und den Fisch darin von beiden Seiten knusprig braten. Knoblauch schälen und fein hobeln. Zum Fisch in die Pfanne geben und kurz anbraten. Gemüse putzen und bis auf den Salat in Scheiben oder Würfel schneiden und miteinander vermischen.

Aus Essig, Senf, Salz, Pfeffer und Olivenöl eine Marinade rühren. Mit Paprika abschmecken. Den Fisch abkühlen lassen und in Streifen schneiden. Die gewaschenen und trocken geschleuderten Salatblätter auf vier Teller verteilen, mit der Gemüsemischung, Fischstreifen und Knoblauch belegen. Alles großzügig mit der Marinade beträufeln und mit Schnittlauch bestreuen.

Sehr beliebtes Fotomotiv
in Ahrenshoop

Zweifarbige Fischterrine

für 6 Personen oder fürs Partybuffet

- *350 g Lachsfilet (TK)*
- *350 g weißes Fischfilet z. B. Dorsch, Zander (TK)*
- *2 Eiweiß*
- *200 g Schmand oder Crème fraîche*
- *1 Bund Petersilie, Dill oder Basilikum*
- *Salz, gemahlener Pfeffer, Paprikapulver (edelsüß)*
- *frisch geriebener Meerrettich*

Fisch antauen, er sollte aber noch eiskalt sein! Lachs mit einem Eiweiß und der Hälfte vom Schmand pürieren mit den Gewürzen gut abschmecken. Nach Geschmack kann man auch ein paar zerstoßene rote Pfefferkörner hinzufügen, dann weniger gemahlenen Pfeffer zugeben.
Die Masse in eine gebutterte Terrine oder Glasform geben.
Das weiße Fischfilet auf Gräten kontrollieren, dann mit dem übrigen Schmand und einem Eiweiß pürieren. Die Masse würzen und mit sehr fein gehackter Petersilie nochmals pürieren, mit etwas Meerrettich abschmecken. Gleichmäßig auf die rosa Lachsschicht verteilen.
Terrine mit Alufolie abdecken und im Wasserbad bei **140 °C** ca. **60 Minuten** garen. Auskühlen lassen, die Ränder mit einem Messer lösen und vorsichtig stürzen. Auf einer Platte mit einem frischen Salat und Sahnemeerrettich anrichten.

Frittierte Fischbällchen

2 – 3 mehlig kochende Kartoffeln (ca. 150 g)
Salz
2 gewürfelte Schalotten
1 TL Butter
500 g Fischfilet (z. B. Dorsch)
2 EL Crème fraîche
3 Eigelb
2 EL gehackte Petersilie
Pfeffer aus der Mühle
Semmelmehl
Fett zum Ausbacken

Geschälte Kartoffeln ca. **20 Minuten** in kochendem Salzwasser garen. Schalottenwürfelchen in der Butter andünsten. Das Fischfilet **6 bis 8 Minuten** in kochendem Salzwasser garziehen lassen. Fisch und Kartoffeln mit dem Pürierstab fein pürieren, Crème fraîche unterheben. 2 Eigelb langsam unterrühren. Schalotten und Petersilie unterheben, mit Salz und Pfeffer würzen. Aus der abgekühlten Masse kleine Bällchen formen, im letzten verrührten Eigelb wenden und mit Semmelmehl panieren. Die Bällchen portionsweise im **180 °C** heißen Fett in einer Fritteuse in ca. **4 Minuten** goldbraun backen. Schmecken zu Dips, zu jeder Art von frischem Salat, Kartoffelsalat oder Püree.

Die Fischbällchen sind bei Kindern eine beliebte Alternative zu Fischstäbchen – und sie schmecken auch kalt.

Pikante Fischröllchen

Pfannkuchen:

4 dünne Pfannkuchen oder Crêpes (gekauft oder selbst gemacht)

2 Eier

250 ml Milch

150 g Mehl

1 Prise Salz

Schnittlauchröllchen

40 g Butter oder 1 EL Öl zum Ausbacken

Belag:

8 Scheiben gebeizter Lachs

300 g geräucherte Forelle

250 g Crème fraîche

etwas geriebener Meerrettich

1 TL Zitronensaft

1 Bund gehackter Dill

Salz, Pfeffer

Für die Pfannkuchen Milch, Salz und Eier verquirlen. Mehl nach und nach zugeben und mit einem Schneebesen zu einem glatten relativ dünnflüssigen Teig verarbeiten, mit Schnittlauchröllchen vermischen. In einer beschichteten Pfanne in Butter oder Öl aus dem Teig 4 goldgelbe dünne Pfannkuchen backen. Anschließend auskühlen lassen.
Inzwischen die Räucherforelle mit Crème fraîche und Dill im Mixer mischen. Mit Salz, Meerrettich, Zitronensaft und frisch gemahlenem Pfeffer abschmecken. Die Pfannkuchen mit den gebeizten Lachsscheiben belegen und mit der Räucherfischcreme bestreichen. Pfannkuchen einrollen, in Folie gewickelt **1 Stunde** in den Kühlschrank stellen. Vor dem Servieren aus der Kühlung nehmen und in Scheiben schneiden.

Leckeres Fingerfood für jedes Fest oder Partybuffet.

Aal in Aspik

10 Blatt Gelatine

1/2 Tasse Essig

je 5 Pfefferkörner und Wacholderbeeren

1 Möhre

1 küchenfertiger, nicht abgezogener Aal (ca. 800 – 1000 g)

1 Zitrone

1 Bund Radieschen

1/2 Salatgurke

1/2 Bund Dill

1 l Fischfond (siehe S. 34)

2 Eiweiß, steif geschlagen

Salz, Pfeffer

Gelatine nach der Packungsanleitung in Wasser einweichen. 1/2 Liter Wasser mit Essig aufkochen. Gewürze und Möhrenscheiben dazugeben. Den Aal in gleichmäßig große Stücke schneiden und im Essigwasser ca. **25 Minuten** köcheln. Aalstücke und Möhrenscheiben gut abtropfen lassen.

Gemüse putzen, Gurke schälen. Zitrone, Gurke und Radieschen in Scheiben schneiden. Dill fein hacken. Fischfond mit dem Eiweiß unter ständigem Rühren aufkochen. Mit Salz und Pfeffer abschmecken. Die aufgelöste Gelatine hineingeben. Wenn sie geschmolzen ist, den Fond durch ein Sieb geben. Einen Teil des Fonds in eine tiefe Form geben und kurz abkühlen lassen. Dann die Gemüsescheiben, gehackten Dill und einige Aalstücke darauf verteilen. Erneut Fond darüber geben. Nun wieder Gemüse, Dill und Aal einschichten, bis alle Zutaten aufgebraucht sind. Anschließend gut im Kühlschrank kühlen lassen. Mit frischem Schwarzbrot oder als Hauptgericht mit Bratkartoffeln servieren.

Fischsuppen und Eintöpfe

Wir beginnen mit zwei sehr nützlichen Grundrezepten: Fischfond und Gemüsebrühe. Die meisten greifen hier gewöhnlich gern zu Fertigprodukten, aber selbst gemacht schmecken sie einfach besser und kosten auch nicht mehr, denn man kann Fisch- und Gemüse-„Abfälle“ noch gut dafür verwenden.

Fischfond selbst gemacht

Grundrezept für 2 l Fischfond

1 kg Fischabgänge (Gräten und andere Fischabgänge wie Haut, Flossen, Kopfteile)

75 g Butter, 3 kleine Zwiebeln

100 g Porree, 100 g Möhren

1/2 Fenchelknolle

1 Bund gehackte Petersilie

100 g Staudensellerie

1/2 l trockener Weißwein

2 Thymianzweige, Pfefferkörner

3 Knoblauchzehen

2 – 3 Lorbeerblätter

Fischabgänge in einer Schüssel unter fließendem Wasser gründlich spülen, bis das Wasser ganz klar ist. Sorgfältig abtropfen lassen. In einem ausreichend großen Topf die Butter zerlassen und die Fischabgänge darin langsam unter Wenden **3 bis 4 Minuten** etwas anziehen lassen, ohne dass sie Farbe annehmen, dadurch entwickeln sich die Geschmacks- und Aromastoffe.

Gemüse putzen und klein schneiden, die Kräuter hacken. Alles zum Fisch geben und den Weißwein zugießen, sobald die Mischung köchelt. Mit 2 Liter kaltem Wasser aufgießen, die Gewürze zugeben und alles aufkochen. Den während des Kochens aufsteigenden Schaum abschöpfen, damit der Fond klar bleibt. Nach ca. **30 bis 40 Minuten** leisem Köcheln ist der Fond fertig. Die Brühe durch ein Sieb in Gläser abfüllen und gut verschließen.

Fischabgänge (auch Karkassen genannt) kann man nach Vorbestellung beim Fischhändler des Vertrauens bekommen.
Natürlich lässt sich aus dem Fond auch eine vorzügliche Fischsuppe zubereiten, einfach Fischstücke und Meeresfrüchte, Gemüse, und Gewürze nach Geschmack dazugeben.

So bleibt der Fischfond länger haltbar:

Im Kühlschrank hält sich der Fischfond **ca. zwei bis drei Tage**, das würde bedeuten, dass man den Fischfond sehr zeitnah ansetzen müsste.
Gibt man den Fischfond heiß in Gläser und schließt sie luftdicht ab, verlängert sich die Haltbarkeit: In fest verschlossenen Gläsern bis zu **zwei Wochen**, vorausgesetzt, die Gläser werden kühl und möglichst dunkel gelagert.
Um den Fischfond bis zu **sechs Monate** haltbar zu machen, gibt man den abgekühlten Fond in Eiswürfelbeutel, verschließt diese, wie vom Hersteller angegeben, und friert die Beutel ein. So lässt sich der Fischfond perfekt portionieren und das Selbermachen lohnt sich wirklich, da der Fond so monatelang beim Kochen Verwendung finden und Ihre Fischgerichte geschmacklich abrunden kann.

Gemüsebrühe selbst gemacht

Grundrezept für 1 bis 1 1/2 l Brühe

- *2 Bund Suppengrün*
- *evtl. 2 – 3 Tomaten*
- *100 g Pilze (Champignons oder Steinpilze)*
- *2 Zwiebeln*
- *2 Knoblauchzehen*
- *1 Bund Petersilie*
- *1 TL Salz*
- *5 – 8 schwarze Pfefferkörner*
- *2 Lorbeerblätter*
- *2 Gewürznelken*
- *1 TL Senfkörner*
- *2 EL Olivenöl*

Suppengrün und Pilze putzen, evtl. schälen, waschen und in grobe Stücke teilen. Tomaten ohne Stielansätze klein hacken. Von den Zwiebeln nur die trockenen Hüllblätter entfernen, dann in Viertel schneiden. Knoblauchzehen schälen und würfeln. Petersilie waschen, trocken schleudern und grob hacken.

Öl in einem großen Topf erhitzen und sämtliches Gemüse darin bei kleiner Hitze **6 bis 8 Minuten** andünsten. Mit 1 1/2 bis 2 Liter Wasser aufgießen. Zum Kochen bringen, alle Gewürze zufügen und dann ca. **1 Stunde** köcheln. Zuletzt durch ein feines Sieb gießen und weiter verarbeiten oder als Vorrat in Gläser (s. S. 35) abfüllen.

Für die Gemüsebrühe kann man auch gesäuberte Gemüseabfälle (z. B. Blätter von Kohlrabi, Möhre, Strünke von Brokkoli oder Blumenkohl) verarbeiten.

Doberaner Fischsuppe

500 g Fischfilet

Salz, Knoblauch, Paprika

5 EL Öl

200 g Zwiebeln

2 junge Kohlrabi

3 EL Tomatenmark

1,5 l Gemüsebrühe (siehe S. 36 oder Instant)

4 cl Weißwein

2 Eigelb

Dill

4 – 6 Scheiben Weißbrot

Das Fischfilet in grobe Würfel oder Streifen schneiden, mit Salz, Knoblauch und Paprika würzen und in wenig Öl scharf anbraten. In einem zweiten Topf feine Streifen von Zwiebeln und Kohlrabi anschwitzen, das Tomatenmark dazugeben, das angebratene Fischfilet auf den Gemüseansatz geben, mit 1,5 l Brühe auffüllen und alles bei kleiner Flamme garziehen lassen. Die zarten Kohlrabiblätter gut waschen, fein hacken oder in Streifen schneiden und ganz zum Schluss **ein paar Minuten** in der Suppe ziehen lassen. Eigelb und Weißwein verquirlen, in die nicht mehr kochende Suppe rühren, mit Knoblauch, Paprika und gehacktem Dill abschmecken und portionsweise über jeweils einer Scheibe stark geröstetem Weißbrot anrichten.

Pommerntopf

2 Zwiebeln
1 Bund Suppengrün
1 Lorbeerblatt
5 – 6 weiße Pfefferkörner
5 Pimentkörner
1 Gewürznelke
300 g Dorsch- oder Barschfilet
Salz
1 EL Öl
50 g fetter Speck
1 EL Mehl
2 große Pellkartoffeln
1/2 EL geriebener Meerrettich
125 ml saure Sahne
1 EL gehackte Petersilie

1 Liter Wasser in einem Topf zum Kochen bringen. Zwiebeln schälen, eine vierteln, die andere fein hacken und beiseite stellen. Suppengrün putzen, waschen, trocken tupfen und grob zerkleinern. Mit den Zwiebelvierteln und den Gewürzen in den Topf geben und **15 Minuten** bei kleiner Hitze kochen lassen.

Fischfilet mit kaltem Wasser abspülen, trocken tupfen, salzen und in der Gemüsebrühe ca. **15 Minuten** gar ziehen lassen.

Inzwischen Öl in einem Topf erhitzen, Speckwürfel darin in ca. **5 Minuten** auslassen. Gehackte Zwiebel zugeben und im Speckfett ca. **3 Minuten** hellgelb anschwitzen. Mit Mehl bestäuben.

Den Fisch aus der Brühe nehmen, die Brühe durch ein Sieb in den Topf mit der Speckzwiebelschwitze gießen. Kurz aufkochen, dann **einige Minuten** köcheln und sämig werden lassen.

Die gekochten Pellkartoffeln schälen und fein würfeln. Den Fisch in mundgerechte Stücke schneiden.

Meerrettich und saure Sahne einrühren, Fisch und Kartoffeln hineingeben und in der Suppe heiß werden lassen. Nicht mehr kochen! Die Suppe mit Petersilie bestreut servieren.

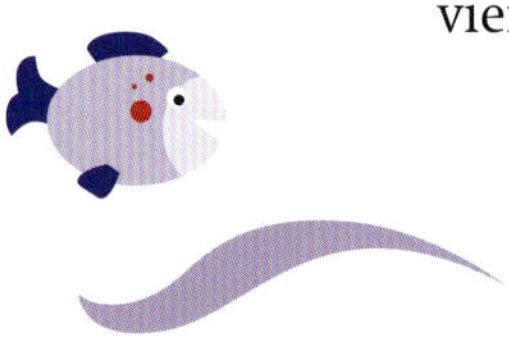

„Ozeaneum" am Hafen von Stralsund

Stralsunder Fischsuppe

- *750 g Fischfilet (See- und Süßwasserfisch gemischt)*
- *4 Tomaten*
- *Salz, Pfeffer oder Paprika*
- *1 Knoblauchzehe*
- *2 EL Öl*
- *1 Tasse Reis*
- *2 Anchovis (Sardellen)*
- *frische Kräuter*

Das Fischfleisch zerpflücken und dabei sorgfältig entgräten. Die gehäuteten, klein geschnittenen Tomaten zugeben, würzen.

Den Suppentopf mit der Knoblauchzehe ausreiben und das Öl darin erhitzen. Fisch- und Tomatenstücke kurz dünsten, 1 1/4 Liter kochendes Wasser aufgießen und den Reis zugeben. Sobald der Reis gar ist, vom Feuer nehmen, mit halbierten Anchovisfilets und gehackten Kräutern anrichten.

Fischsuppe vom Darß

- *3 Zwiebeln*
- *1 Wurzelwerk*
- *1 Lorbeerblatt*
- *Pfefferkörner, 2 Nelken*
- *1 kg Ostseefisch (Filet)*
- *100 g magerer Speck*
- *1 EL Mehl*
- *1/8 l saure Sahne*
- *2 EL geriebener Meerrettich*
- *500 g gekochte Kartoffeln*
- *Salz, fein gehackte Petersilie*

Zwei klein geschnittene Zwiebeln, das vorbereitete, ebenfalls klein geschnittene Wurzelwerk und die Gewürze in 1 1/2 Liter Wasser zu einer Brühe ansetzen. **20 Minuten** wallen lassen. Dann die Flamme kleinstellen.

Die geputzten und gewaschenen Fische in Portionsstücke schneiden, in die Brühe geben und **10 Minuten** darin ziehen lassen. Die übrige fein gewürfelte Zwiebel in Speckwürfeln glasig dünsten, mit Mehl bestäuben. Leicht anbräunen, mit ein wenig von der Fischbrühe ablöschen und **15 Minuten** kochen lassen. Durch ein Sieb in die Suppe streichen. Den Meerrettich mit der Sahne vermischen und mit den klein geschnittenen Kartoffeln zur Suppe geben. Alles noch einmal kurz aufkochen lassen, mit Salz abschmecken und mit Petersilie bestreuen. Sehr heiß auftragen.

Zander-Kartoffel-Topf

6 Kartoffeln
4 Zwiebeln
1 kleiner Weißkohl
5 EL Öl
1/4 l Gemüsebrühe
500 g Fischfilet von Zander, Dorsch oder Barsch
5 EL Mehl, 1/4 l Milch
2 Lorbeerblätter
Salz, Pfeffer, Dill

Die geschälten, in Würfel geschnittenen Kartoffeln in wenig Salzwasser mit einem Lorbeerblatt gar kochen. Zwiebeln schälen, in dünne Scheiben schneiden. Weißkohl putzen und klein schneiden. Öl in einem großen Topf erhitzen und Zwiebeln und Kohl darin anschwitzen. Nun die Brühe und das zweite Lorbeerblatt zugeben, mit Salz und Pfeffer würzen und garen.
Fischfiletwürfel leicht salzen und im Kohlgemüse gar ziehen lassen. Kartoffelwürfel dazugeben. In einer Pfanne das Mehl ohne Fett braun rösten, mit der Milch verquirlen und zur Suppe geben. Vor dem Servieren mit gehacktem Dill bestreuen. Dazu passen dunkles Brot und ein kühles Lübzer.

Rostocker Fischtopf

je 125 g Möhren, Kohlrabi, grüne Bohnen und frische Erbsen
2 EL Butter, 1 Zwiebel
Salz, Pfeffer, Zucker
1 l Gemüsebrühe
500 g Fischfilet
Zitronensaft, Petersilie

Möhren und Kohlrabi putzen, schälen und in Streifen schneiden. Bohnen und Erbsen zugeben. In der zerlassenen Butter die Zwiebelwürfel und das Gemüse andünsten. Leicht mit Pfeffer und ein wenig Zucker würzen. Brühe zugießen, alles **20 Minuten kochen** lassen. Inzwischen das Fischfilet waschen, trocken tupfen, in grobe Stücke schneiden und mit Zitronensaft säuern. Fischstücke zum Gemüse geben und noch **10 Minuten** ziehen lassen. Nochmals abschmecken und mit gehackter Petersilie bestreuen.

Usedomer Fischsuppe

- *1 1/2 l Fischfond (Rezept S. 34)*
- *2 Zwiebeln, gepellt*
- *25 g Butterschmalz*
- *500 g Kartoffeln (grob gewürfelt, blanchiert)*
- *1 großes Suppengrün (grob gewürfelt)*
- *1/2 Fenchelknolle, klein gewürfelt, blanchiert*
- *500 g küchenfertige Fischfilets (Dorsch, Barsch, Seelachs o. ä.)*
- *je 1 kl. Bd. Dill und Blattpetersilie (mittelgrob geschnitten)*

Zwiebelscheiben im Butterschmalz hell anschwitzen, mit Fischbrühe auffüllen, Kartoffel- und Fenchelwürfel sowie Suppengrün zugeben, würzen, **10 Minuten** kochen lassen, Fischfiletwürfel in die kochende Suppe geben und etwa **10 Minuten** garziehen lassen. Mit Salz und Pfeffer abschmecken, mit Dill und Petersilie vollenden. Kräftiges frisches Bauernbrot ist die ideale Beilage.

Ostseefisch-„Bouillabaisse“

für 6 Personen

2 kg küchenfertiger frischer Fisch (Dorsch, Barsch und Makrelen oder Plattfische)

4 EL Öl

2 Stangen Porree

1 – 2 Zwiebeln

3 Knoblauchzehen

1 kleines Lorbeerblatt

500 g Tomaten oder 3 EL Tomatenmark

10 Pfefferkörner

2 TL Salz

1 Bund Petersilie

1/4 l trockener Weißwein

Weißbrot oder Baguette

Küchenfertig gekaufte oder selbst vorbereitete Fische in mundgerechte Stücke teilen.
Gemüse putzen. In 2 EL Öl den fein gehackten Porree und die Zwiebelwürfel hellgelb anschwitzen, 2 gehackte Knoblauchzehen, das Lorbeerblatt, die gehäuteten, gewürfelten Tomaten sowie Pfefferkörner, Salz und Petersilienstiele dazugeben. Mit 3/4 Liter Wasser und dem Wein nach und nach auffüllen. Fischstücke in die Brühe geben, das restliche Öl zufügen und ca. **15 Minuten** bei milder Hitze kochen lassen, bis die Fischstücke gar sind. Der Fisch sollte weich und zart sein, aber nicht auseinander fallen. Nochmals abschmecken, evtl. eine Prise Safran unterrühren.
Kleine Weißbrot- oder Baguettescheiben leicht rösten, mit der letzten Knoblauchzehe einreiben und zur Suppe servieren.

Variante:
Wer es französischer möchte, kocht **vor Zugabe der Fischstücke** 300 bis 350 g saubere, entbartete Miesmuscheln mit und garniert die fertige Suppe mit Orangenschale.

Am Alten Strom in Warnemünde

Die schnelle Fischsuppe

für 2 Personen

1/2 l Tomatensaft

200 ml saure Sahne

1 Dose Heringsfilet in Tomatensoße

100 g Tomatenketchup

Salz, Paprika, Worcestersoße

1 EL Kapern, Petersilie

Tomatensaft und saure Sahne in einen Topf geben. Heringsfilet mit Tomatensoße aus der Fischkonserve sowie Tomatenketchup dazugeben. Das Fischfleisch zerkleinern. Alles kurz aufkochen und pikant abschmecken. In Suppentassen einige Kapern und gehackte Petersilie geben und die Suppe darüber füllen. Dazu Baguette.

Barsch-Bohnen-Topf

800 g Barschfilet

500 g Wachsbohnen

3 EL Olivenöl

3 Schalotten

1/2 TL Fenchelkörner

Pfefferkraut

Salz, Pfeffer aus der Mühle

1/2 l klare Brühe

2 Tomaten

Fisch waschen und in Streifen schneiden. Bohnen waschen, putzen und wenn nötig Fäden ziehen. Öl in einem Topf erhitzen und darin die Schalottenwürfel andünsten. Fenchelkörner und Pfefferkraut zugeben, sparsam würzen, nun die Bohnen zufügen. Mit der Brühe auffüllen, zum Kochen bringen und **10 Minuten** köcheln. Die Fischstreifen auf die Bohnen legen und **20 Minuten** bei mittlerer Hitze garen. In den letzten **5 Minuten** die gehäuteten Tomatenhälften mitgaren.

Dorschsuppe

750 g Dorsch
Zitronensaft
2 Möhren
1 Tasse Selleriewürfel
Petersilienstiele
2 Zwiebeln
1 Lorbeerblatt
10 Pfefferkörner, Salz
40 g Pflanzenfett
Pfeffer, Muskat

Das rohe Fischfleisch von Haut und Gräten befreien, in mundgerechte Stücke schneiden, säuern. Fischhaut und Gräten sowie das klein geschnittene Gemüse, die gehackten Zwiebeln und Gewürze in einen Topf geben. Mit 1 1/4 Liter Wasser auffüllen. Den Suppenansatz langsam zum Kochen bringen. Nach **20 Minuten** Kochzeit die Brühe passieren.
Das Fett zerlassen und die vorbereiteten Fischstücke darin kurz anbraten und dann als Einlage in die Suppe geben. Suppe mit Salz, Pfeffer und wenig Muskat abschmecken. Ein Glas trockener Weißwein verfeinert die Suppe.

Variante:
Man kann das rohe Fischfleisch auch durch den Fleischwolf drehen. Die Fischmasse mit Ei und Semmelmehl binden, mit Salz und Muskat würzen. Fein gehackte Petersilie zufügen. Aus der Masse Klößchen formen und diese in der kochenden Suppe gar ziehen lassen. Suppe mit einem Eigelb legieren.

Rügener Aalsuppe

- *1 ganzer Aal (ca. 1 kg)*
- *1 EL Salz*
- *1 TL Pfefferkörner*
- *6 Pimentkörner*
- *2 Lorbeerblätter*
- *200 g Sellerie*
- *1 Stange Porree*
- *500 g Möhren*
- *2 Zwiebeln*
- *800 g mehlig kochende Kartoffeln*
- *je 1/2 Bund Dill und Petersilie*

Aal ausnehmen, waschen und entschleimen. Für eine nicht so fettreiche Suppe den Aal häuten und anschließend von der Mittelgräte befreien. Den so vorbereiteten Aal in ca. 3 cm große Stücke schneiden.

Das Gemüse ebenfalls vorbereiten, waschen, schälen oder putzen und in mundgerechte Stücke schneiden.

Aalstücke in 2 Liter Wasser mit den Gewürzen ansetzen. Sobald die Brühe kocht, Temperatur verringern, die Aalstücke noch **5 Minuten** garen, herausnehmen und warm stellen.

Brühe erneut aufkochen und die Möhren-, Kartoffel- und Selleriewürfel, Porree- und Zwiebelscheiben hineingeben. Etwa **20 Minuten** kochen, bis das Gemüse gar ist – die Suppe sollte eine sämige Konsistenz haben.

Die Fischstücke auf vier Teller oder Tassen verteilen und mit der Suppe auffüllen. Mit gehackten Kräutern bestreuen. Wer mag, gibt kleine geröstete Weißbrotwürfel darüber.

Um die Haut zu entfernen, den Aal mit Salz einreiben, die Haut hinter dem Kopf quer einschneiden und abziehen. Es empfiehlt sich, den Fisch dabei mit einem Handtuch zu halten. Mit der anderen Hand zieht man die Haut mit einem Ruck schnell ab.

Räucheraalsuppe

- *1 Zwiebel*
- *3 festkochende Kartoffeln (ca. 300 g)*
- *1 Möhre*
- *100 g Knollensellerie*
- *800 ml Gemüsebrühe (S. 36 oder Instant)*
- *1 Lorbeerblatt*
- *getrockneter Majoran*
- *gemahlener Kümmel*
- *400 g Räucheraal*
- *100 ml Sahne*
- *Salz*
- *Muskat, frisch gerieben*
- *gehackter Dill*
- *Schwarzbrotcroûtons*

Zwiebel und übriges Gemüse putzen bzw. schälen. Alles in 1/2 cm große Würfel schneiden.
Die Brühe in einem Topf zum Kochen bringen. Das Gemüse mit Lorbeerblatt, je 1 Prise Majoran und Kümmel zufügen und knapp unter dem Siedepunkt **20 bis 30 Minuten** weich garen.
Den Räucheraal häuten und den Tran mit einem Messerrücken entfernen. Die Filets von der Mittelgräte lösen und in kleine Würfel schneiden.
Das Gemüse in ein Sieb abgießen, dabei die Brühe auffangen. Ein Viertel der Gemüsewürfel mit der Sahne wieder in die Brühe geben und mit dem Pürierstab pürieren. Die Suppe mit Salz, Zitronenschale und Muskatnuss würzen.
Das restliche Gemüse auf vorgewärmte tiefe Teller verteilen. Mit Suppe auffüllen und die Aalstücke hineingeben. Nun die Suppe mit Dill garnieren und mit ein paar gerösteten Schwarzbrotwürfeln bestreuen.

Hafen Sassnitz auf Rügen

Makrelen-Tomaten-Topf

- *0,8 – 1 kg Makrelen*
- *2 EL Butter*
- *2 Zwiebeln*
- *2 Fischbrühwürfel*
- *400 g Tomaten aus der Dose*
- *1/2 Zitrone*
- *je 3 EL gehackte Petersilie und Dill*
- *Salz, Pfeffer*

Die Makrelen filetieren oder gleich vom Fischhändler auslösen lassen. Butter in einem großen Topf erhitzen und die gehackten Zwiebeln darin anbraten. Fisch auf die Zwiebeln legen und mit zerbröselten Brühwürfeln bestreuen. Mit den Tomaten inklusive Saft auffüllen und mit Dill, Petersilie, Salz und Pfeffer würzen. Zitrone in grobe Stücke geschnitten mitköcheln lassen. Den Fischtopf zu frischem Weißbrot oder Baguette und einem trockenen Wein servieren.

Nach Belieben kann man auch andere oder weitere Fischsorten im Fischtopf verarbeiten. Ein schmackhafter Fischtopf für gemütliche Herbsttage.

Gegrillt, gekocht, gebraten – beliebte Fischgerichte

Wenn nichts anderes angegeben ist, können die folgenden Gerichte mit Reis, Brat-, Röst- oder Salzkartoffeln, Pommes frites, mit Salat oder Gemüsebeilage gereicht werden.

Dorsch mit Petersiliensoße

800 – 900 g frischer Dorsch (küchenfertig) oder 4 Dorschkoteletts à 200 g
Salz, Zitronensaft
1 kleine Zwiebel
1 Lorbeerblatt
einige Pfefferkörner
2 EL Butter
etwas Mehl
frisch geriebener Meerrettich
1 Bund Petersilie

Den Dorsch in vier gleichmäßig große Stücke teilen. Dorschstücke mit Zitronensaft beträufeln, salzen. Einen großen Topf mit ausreichend Wasser füllen, einige Pfefferkörner, Salz, Lorbeerblatt und die geschälte halbierte Zwiebel dazugeben. Das Wasser einige Minuten kochen lassen, dann die Dorschstücke hineinlegen und bei geringer Hitze in ca. **10 bis 15 Minuten** gar ziehen lassen. Vorsichtig aus dem Sud heben, damit der Fisch nicht zerfällt.
Für die Soße Butter in einem Topf zerlassen, mit Mehl mischen, mit etwas Fischsud zu einer sämigen Soße auffüllen. Die Petersilie fein hacken und in die Soße geben. Mit Meerrettich abschmecken. Den Dorsch mit der Soße zu Kartoffeln oder Kartoffelpüree servieren.

Leuchtturm am Darßer Ort,
Fischland-Darß-Zingst

Dorschfilets auf Speckgemüse

für 6 Personen

6 – 8 Schalotten

500 g Kartoffeln

200 g Möhren

100 g Sellerie

2 Porreestangen (nur das Weiße)

4 Tomaten

50 g Butter, 50 g Speckwürfel

6 Dorschfilets à 200 g

Salz, Pfeffer

2 Lorbeerblätter

200 ml trockener Weißwein

1/2 l Fischfond (aus dem Glas oder S. 34)

Schalotten schälen, halbieren, geschälte Kartoffeln und übriges Gemüse putzen, grob würfeln. Tomaten häuten, vierteln, entkernen. Zuerst die Butter, dann die Speckwürfel in einen Bräter geben, leicht ausbraten, mit einem Drittel vom Gemüse bedecken. Drei Dorschfilets darauf legen, salzen, pfeffern, dann das übrige Gemüse darüber verteilen und mit den restlichen Fischscheiben belegen. Lorbeerblätter zugeben, Wein und Fischfond in den Bräter gießen. Bräter zudecken und bei milder Hitze etwa **30 Minuten** garen. Direkt im Bräter zu Tisch geben.

Wer mag, gibt mit den Lorbeerblättern auch etwas gepressten Knoblauch mit in den Bräter.

Dorsch mit Senfsoße überbacken

4 Dorschfilets à 200 g
Saft von 1 mittelgroßen Zitrone
1 EL Worcestersoße
1 EL Mehl
2 EL Butter
1/8 l Milch
1/8 l Sahne oder Weißwein
2 EL milder Senf
1/2 TL Salz
1 Prise schwarzer Pfeffer
1 Prise Muskat
1 TL Paprikapulver, edelsüß
1 EL gehackter Dill oder Petersilie

Den Backofen auf **220 °C** vorheizen. Die Fischfilets kalt abspülen, trocken tupfen und mit Zitronensaft und Worcestersoße beträufeln. Eine feuerfeste Form mit etwas Butter ausfetten.

Die Hälfte der restlichen Butter in einer kleinen Pfanne zergehen lassen, Mehl zugeben und hellgelb anbraten. Unter Rühren nach und nach erst die Milch, dann die Sahne zufügen und einige Minuten unter ständigem Rühren leicht köcheln lassen. Die Soße mit Senf, Salz, Pfeffer und Muskat abschmecken, gehackte Kräuter hineingeben und gut verrühren.

Die Fischfilets von beiden Seiten salzen, in die vorbereitete Form legen und das Paprikapulver darüber streuen. Die Soße darüber verteilen und einige Butterflöckchen aufsetzen. In ca. **15 Minuten** auf der mittleren Schiene im vorgeheizten Ofen überbacken. Dazu passen ein frischer Salat, Kartoffelpüree oder Reis.

Wer statt Sahne Weißwein verwenden möchte, sollte das Mehl erst mit dem Wein ablöschen und danach die Milch einrühren.

Trio vom Fisch mit zweierlei Spargel

Fisch:

300 g Dorsch, 300 g Lachs, 8 Garnelen, alles küchenfertig und in Portionsgröße

Olivenöl

Pfeffer, Salz

Spargel:

je 12 Stangen weißer und grüner Spargel, küchenfertig und halbiert

100 g Butter

je 1 Prise Meersalz und Puderzucker

Außerdem:

100 ml Zitronensaft

150 g Butter

Fisch mit etwas Zitronensaft beträufeln. Backofen auf **200 °C** vorheizen. Weißen Spargel nebeneinander auf ein mit Backpapier belegtes Backblech legen. Zerlassene Butter über den Spargel gießen. Mit Meersalz und Puderzucker würzen. Mit Alufolie abgedeckt im Ofen etwa **30 Minuten** garen. Nun prüfen, ob der Spargel gar ist und je nach Dicke der Stangen, weitere **15 bis 20 Minuten** garen.

Grünen Spargel in kochendem Salzwasser einmal aufkochen, mit kaltem Wasser abschrecken. Inzwischen restlichen Zitronensaft etwas einkochen lassen. Butter bräunen und warm halten.

Garnelen und Fisch in heißem Olivenöl von beiden Seiten anbraten. Spargel aus dem Ofen nehmen, Temperatur auf **150 °C** herunterschalten. Fisch im Ofen in **5 bis 7 Minuten** fertig garen. Inzwischen beide Spargelsorten in wenig Butter nachbraten. Zuerst Spargel auf dem Teller drapieren, dann Fisch und Garnelen darauf anrichten, mit eingekochtem Zitronensaft beträufeln, dann braune Butter darüber geben. Mit Baguette und Salatbeilage servieren.

Gegrillter Dorsch

4 Dorschkoteletts à 250 g
1 EL Olivenöl
Salz, Pfeffer
4 EL Senf
200 ml Sahne
etwas Zitronensaft

Koteletts waschen, trocken tupfen, mit Öl einpinseln, salzen, pfeffern und mit 2 EL Senf bestreichen. Dann auf den Rost des vorgeheizten Grills legen und von jeder Seite **5 Minuten** grillen. Inzwischen die Sahne bei gelinder Hitze in einem kleinen Topf erwärmen, restlichen Senf und etwas Zitronensaft zufügen. Mit wenig Salz und Pfeffer abschmecken. Soße über den Fisch geben und servieren.

Dorsch in Eihülle gebraten

für 2 Personen
2 Dorschfilets à 160 g
Salz, Pfeffer
Mehl zum Wenden
1 Ei, 1 EL Crème fraîche
3 EL Butter

Fischfilets waschen, trocken tupfen, salzen und pfeffern. Dann in Mehl wenden, überschüssiges Mehl vorsichtig abklopfen. Das Ei mit Crème fraîche verrühren. Dorschfilets durch die Eimischung ziehen. Butter in einer Pfanne aufschäumen, Dorsch darin von jeder Seite ca. **3 Minuten** braten.

Würziger wird es, wenn man noch etwas Parmesan in die Eimischung raspelt. Zum Dorsch passt sehr gut eine Tomatensoße.

Aalragout auf Gemüse

800 g küchenfertiger Aal ohne Kopf und Haut

80 g Speckwürfel

2 Schalotten

2 Fenchelknollen

2 Bund Dill

250 ml trockener Weißwein

500 ml Gemüsebrühe oder Fischfond (siehe S. 34)

1 EL Senf

3 EL Zitronensaft

1 Prise Zucker

weißer Pfeffer aus der Mühle

Salz

200 ml saure Sahne

2 EL gehacktes Fenchelgrün

Aal in 8 gleich große Stücke schneiden. Speckwürfel in einer hohen Pfanne auslassen. Die Schalotten schälen, würfeln, in die Pfanne geben und glasig anschwitzen.
Die Fenchelknollen halbieren, den harten Strunk entfernen und in feine Scheiben schneiden. Etwas von dem Fenchelgrün klein hacken und beiseite stellen. Die Fenchelscheiben mit in die Pfanne geben und andünsten. Den geputzten und gehackten Dill über den Pfanneninhalt streuen und unterrühren. Wein und Gemüsebrühe angießen. Senf, Zitronensaft und Zucker zugeben. Mit Pfeffer und Salz abschmecken und die Aalstücke auf das Gemüse legen.
Den Deckel auf die Pfanne legen und alles bei mittlerer Hitze **12 bis 15 Minuten** köcheln lassen. Kurz vor dem Servieren die saure Sahne unterziehen.
Das Aalragout auf vorgewärmten Tellern anrichten, mit etwas Fenchelgrün garnieren und sofort servieren.

Zander auf mecklenburgische Art

1 Zander (etwa 1,5 kg) oder ca. 600 – 800 g Zanderfilet
Salz
Mehl
Eiweiß
Semmelbrösel
50 g Butter, 1 EL Öl
1 Zitrone

Den Fisch schuppen, ausnehmen, von den Gräten lösen und in Filetstücke schneiden. Salzen und ca. **30 Minuten** ziehen lassen. Abgetrocknet mit Mehl bestäuben, durch Eiweiß ziehen und in Semmelbröseln wälzen. Butter und Öl erhitzen, die Filetstücke darin von jeder Seite goldbraun backen. Warm stellen und zum Anrichten mit Zitronenachteln garnieren. Dazu schmecken Salzkartoffeln und ein frischer Salat oder ein würziger Kartoffelsalat.

Kartoffelsalat

1 kg festkochende Kartoffeln
1 Salatgurke
Dressing:
250 g Quark, 150 g Naturjoghurt
100 ml Milch
Saft und abgeriebene Schale von 1/2 Zitrone
Salz, Pfeffer, 3 EL Olivenöl
1/2 Bund Majoran
1/2 Bund Schnittlauch

Kartoffeln in kochendem Wasser ca. **20 Minuten** garen. Abgießen, auskühlen lassen. Gurke schälen und in Scheiben schneiden.
Quark, Joghurt, Milch, Zitronensaft und -schale verrühren. Mit Salz und Pfeffer würzen. 1 EL Öl unterrühren. Majoran und Schnittlauch waschen, trocken tupfen, abzupfen und klein schneiden. Kartoffeln pellen und in Scheiben schneiden. Mit Gurke und Dressing vermischen und abschmecken.

Gebackene Heringsdorfer Flundern

8 kleine Flundern
Salz
2 verquirlte Eier
100 g Semmelbrösel
200 g Speck
Petersilie

Die vorbereiteten Fische mit Salz einreiben und **2 Stunden** ziehen lassen. Danach in Ei und anschließend in Semmelbröseln wenden. In dem zerlassenen Speck ausbacken, bis sie goldgelb sind. Petersiliensträußchen ins siedende Fett tauchen und die Fische damit garnieren. Dazu schmecken Kartoffeln oder Kartoffelsalat.

Scholle mit Speck und Bratkartoffeln

für 2 Personen

200 g Pellkartoffeln vom Vortag

2 küchenfertige Schollen (à 200 g)

Salz, schwarzer Pfeffer

1 EL Zitronensaft

2 EL Mehl

1 EL Butterschmalz

80 g magerer Speck

1 – 2 Frühlingszwiebeln

1 EL Butter

1 EL Schnittlauchröllchen

Bereits gekochte (Pell-)Kartoffeln vom Vortag pellen und in Scheiben schneiden.

Schollen waschen und mit Küchenpapier trocken tupfen, den Speck fein würfeln und Frühlingszwiebeln waschen, putzen und das Weiße und Hellgrüne in Ringe schneiden. Küchenfertige Schollen mit Zitronensaft beträufeln, beidseitig salzen und pfeffern und anschließend in Mehl wenden. Butterschmalz in einer großen Pfanne erhitzen, Speckwürfel bei starker Hitze kurz im heißen Butterschmalz anschwitzen. Temperatur verringern und die Schollen mit in die Pfanne geben und von jeder Seite **4 bis 5 Minuten** goldbraun braten. Frühlingszwiebeln und die Kartoffelscheiben mit der Butter etwa nach der Hälfte der Bratzeit dazugeben.

Die Schollen mit Speckwürfeln, den Zwiebelringen und Bratkartoffeln servieren, mit etwas brauner Butter aus der Pfanne beträufeln und mit Schnittlauchröllchen bestreuen.

Gebratene Ostseescholle (Rezept zum Titelfoto)

4 – 8 Ostseeschollenfilets mit Haut à 200 g (alternativ Heilbuttfilet)

Salz, schwarzer Pfeffer

etwas Mehl

Olivenöl, Butterschmalz

2 Zitronen

Schollen waschen und trocken tupfen, würzen, dunkle Haut einritzen, mit Olivenöl bestreichen und leicht mit Mehl bestäuben. Die Filets auf der Hautseite im Butterschmalz anbraten (bitte nicht zu große Hitze!), Temperatur herunterdrehen und die Filets gar ziehen lassen.
Schollen mit Zitronenscheiben garnieren. Dazu schmecken wahlweise ein frischer, gemischter Salat, Kartoffelsalat oder Röstkartoffeln.

Tomatenfisch

800 g Fischfilet (Dorsch, Barsch, Lachs o. ä.)

Zitronensaft

Salz

500 g Tomaten, 500 g Zwiebeln

50 g Butter oder Margarine

Pfeffer

2 EL Reibekäse

1 EL Semmelbrösel

Schnittlauchröllchen

Das Fischfilet waschen, trocken tupfen, in mundgerechte Stücke schneiden, mit Zitronensaft beträufeln, salzen und zugedeckt ein wenig durchziehen lassen. Tomaten und Zwiebeln in Scheiben schneiden, mit den Fischstücken in eine gefettete Auflaufform geben. Leicht salzen und pfeffern. Dann mit geriebenem Käse und Semmelbröseln bestreuen, Margarineflöckchen aufsetzen. Den Fisch bei (Mittelhitze) **180 °C 20 Minuten** im Backofen überbacken. Mit Schnittlauchröllchen bestreuen und zu Salzkartoffeln oder Reis servieren.

Gefüllte grüne Heringe

1 kg küchenfertige grüne Heringe
1 EL grobes Meersalz
weißer Pfeffer aus der Mühle
Saft von 1 Zitrone
80 g frische gehackte Kräuter (gemischt Petersilie, Dill, Salbei, Majoran, Thymian)
Mehl, 2 EL Öl, 50 g Butter

Heringe innen und außen gut waschen und mit Küchenpapier trocken tupfen. Fische in eine Schüssel legen und mit Meersalz und Pfeffer bestreuen. Mit Zitronensaft beträufeln und **60 Minuten** zugedeckt marinieren. Dann sehr gut trockentupfen und mit der Kräutermischung füllen. Heringe in Mehl wenden, überschüssiges Mehl abklopfen. Öl und Butter in einer Pfanne erhitzen und die Heringe darin bei mittlerer Hitze auf jeder Seite **5 Minuten** braten, bis sie goldbraun sind. Auf Küchenpapier abtropfen lassen. Dazu einen frischen Salat und Kartoffelpüree servieren.

Sassnitzer Heringskartoffeln

500 g Heringsfilet
800 g gekochte Kartoffeln
4 Zwiebeln, 60 g Butter
3 – 4 EL Semmelmehl
2 große Eier
200 ml saure Sahne
Pfeffer, Salz
2 EL Schnittlauchröllchen

Heringsfilet waschen und trocken tupfen. Dann in mundgerechte Stücke schneiden. Die Zwiebeln häuten und in Streifen schneiden und in der Butter goldgelb anschwitzen. Eine Auflaufform ausfetten und mit Semmelmehl ausstreuen. Lagenweise Kartoffelscheiben, Heringsstückchen und Zwiebeln einfüllen. Eier mit Sahne gut verrühren, mit Pfeffer und Salz abschmecken. Eiersahne gleichmäßig über den Auflauf gießen und mit dem restlichen Semmelmehl bestreuen. Butterflöckchen aufsetzen. Im Backofen bei **180 °C** in ca. **30 bis 40 Minuten** goldgelb backen. Mit Schnittlauchröllchen bestreut servieren.

Forelle vom Grill

2 mittelgroße Forellen

1 unbehandelte Zitrone

1 Zwiebel

1/8 l Weißwein

4 EL Olivenöl

frische Blätter von Basilikum, Petersilie und Minze

Salz, Pfeffer

Frische Forellen schuppen, ausnehmen und gründlich säubern. Die küchenfertigen Forellen mit grobem Salz bestreuen und **1 Stunde** ziehen lassen.

Die Zwiebel schälen und fein würfeln. In einer beschichteten Pfanne kurz in Olivenöl andünsten. Mit Weißwein ablöschen.

Kräuterblätter kurz waschen und grob hacken. Die Zitrone waschen und in dünne Scheiben schneiden. Die Forellen mit den Kräutern und den gedünsteten Zwiebeln füllen. Etwas Olivenöl und Weißwein dazugeben. Zwei Zitronenscheiben mit einlegen.

Die Forellen in einer Fischgrillzange befestigen. Diesen sogenannten Fischgriller vor der Verwendung mit Öl einreiben, damit die Haut der Forellen nicht verletzt wird. Nun den Fisch auf den Grill geben und von jeder Seite ca. **10 Minuten** grillen. Die Haut der Forelle sollte dabei nicht zu dunkel werden. Sobald sich die Rückenflosse leicht aus dem Fisch ziehen lässt, ist er gut.

Man kann den Fisch genauso gut im Backofen garen. Dafür die Fische mit etwas Öl bestrichen und in Alufolie gehüllt auf das Backblech legen. Im auf 200 °C vorgeheizten Ofen auf der mittleren Schiene 40 Minuten garen.

Forelle blau

für 2 Personen

- *1/8 l trockener Weißwein*
- *2 EL Essig*
- *1 Möhre*
- *2 Schalotten*
- *Salz, 10 Pfefferkörner*
- *2 küchenfertige Forellen à 375 g*
- *100 g Butter*

Weißwein mit 1/2 l Wasser aufkochen. Essig, Möhrenscheiben, Schalottenwürfel, Salz und Pfefferkörner dazugeben und **20 Minuten** köcheln. Währenddessen die Forellen waschen und trocken tupfen. Dann die Fische in einen weiten Topf legen und mit dem kochenden Essigsud begießen, **15 Minuten** ziehen lassen. Die Butter zerlassen. Forellen aus dem Sud heben, mit Kartoffeln anrichten und die zerlassene Butter dazu servieren.

Fischbrunnen auf dem Marktplatz in Barth

Gebackene Forellen

- *4 Forellen à 375 g*
- *Salz, Pfeffer, 2 EL Mehl*
- *2 EL Öl, 4 EL Weinessig*
- *1/4 l Fischfond (S. 34)*
- *2 Möhren, 2 Stangen Sellerie oder anderes Gemüse nach Wunsch*
- *1 Knoblauchzehe*
- *2 EL gehackte Petersilie*
- *1 Lorbeerblatt*
- *30 g Semmelmehl, 100 g Butter*

Küchenfertige Forellen, waschen und gut trocknen. Nun salzen, pfeffern, in Mehl wenden. Öl in einer Pfanne erhitzen, Forellen darin von beiden Seiten anbraten, aus der Pfanne nehmen, das Fett abschütten. Bratensatz mit Essig ablöschen, Fischfond zugeben. Möhrenscheiben, Selleriestreifen, die zerdrückte Knoblauchzehe und die Kräuter hineingeben, salzen, pfeffern und **10 Minuten** kochen lassen. Forellen nebeneinander in einen ausreichend großen Bräter legen, mit dem abgetropften Gemüse bedecken und mit Semmelmehl bestreuen. Butterflöckchen obenauf setzen und im auf **200 °C** vorgeheizten Backofen **10 Minuten** garen. Die Bratensoße mit eiskalter Butter binden und zusammen mit Salzkartoffeln zu den gebackenen Forellen servieren.

Ofen-Forellen mit Speck

für 2 Personen

- *120 g Schalotten*
- *60 g Butter*
- *2 küchenfertige Forellen à 400 g*
- *1 Zitrone*
- *Salz, Pfeffer*
- *4 Stängel glatte Petersilie*
- *8 Thymianzweige*
- *6 dünn geschnittene Speckscheiben*

Schalotten in dünne Ringe schneiden. Butter in einem Topf erhitzen und die Schalotten darin bei mittlerer Hitze in **8 bis 10 Minuten** hellbraun dünsten. Warm stellen.

Forellen von innen und außen mit kaltem Wasser abwaschen und mit Küchenpapier trocken tupfen. Die Haut der Forellen von jeder Seite 3 bis 4-mal dünn einschneiden. Die Zitrone in dünne Scheiben schneiden.

Forellen innen und außen mit Salz und Pfeffer würzen. Fische auf ein mit Backpapier ausgelegtes Backblech legen. Die Fische mit jeweils 2 bis 3 Zitronenscheiben, 2 Petersilienstängeln und 1 Thymianzweig füllen. Übrige Zitronenscheiben auf dem Blech verteilen. Die restlichen Thymianstiele auf den Forellen verteilen und darüber jeweils 3 Scheiben Speck legen, sodass die Fische gut abgedeckt sind.

Im vorgeheizten Ofen bei **220 °C** auf der Mittelschiene **20 Minuten garen**. Forellen mit der heißen Schalotten-Butter servieren. Dazu passen Salzkartoffeln und ein frischer Salat.

Zanderfilet mit Gemüse-Julienne auf Weinschaumsoße

600 g Zanderfilet mit Haut

Gemüse-Julienne:

2 Stangen Porree, 3 Möhren

100 g Sellerieknolle

5 EL Butter

Salz, Pfeffer

Weinschaumsoße:

150 ml + 7 EL trockener Weißwein

150 ml Brühe oder Fischfond (S. 34)

200 ml Sahne

3 TL Mehl

1 TL Senf

1 Prise Salz, 1 Prise Pfeffer

Das Gemüse putzen, schälen. Alles mit dem Sparschäler in sehr feine Streifen („Julienne") schneiden.

3 EL Butter erhitzen. Gemüsestreifen darin kurz andünsten. Mit Salz und Pfeffer würzen. 4 bis 5 EL Wasser zufügen. Gemüse-Julienne zugedeckt ca. **5 Minuten** dünsten.

Fischfilet waschen, trocken tupfen und in 4 bis 6 Stücke schneiden. 2 EL Butter in einer Pfanne erhitzen. Zander darin auf der Hautseite ca. **2 bis 3 Minuten** braten, dabei mit Salz und Pfeffer würzen.

Für die Soße 150 ml Wein mit Brühe und Sahne aufkochen. Währenddessen das Mehl mit dem restlichen Wein anrühren und in die kochende Flüssigkeit einrühren. Mit Senf, Salz und Pfeffer abschmecken. Kurz vor dem Servieren kräftig mit dem Pürierstab aufschäumen.

Gemüse-Julienne mit dem Zander auf der Soße anrichten.

Fischerboote am Strand von Baabe

Zanderfilets mit Tomaten

- *2 kleine Zwiebeln*
- *6 Tomaten*
- *2 EL eingelegte grüne Pfefferkörner*
- *2 unbehandelte Orangen*
- *8 Zanderfilets à ca. 100 g*
- *Salz*
- *4 EL Mehl*
- *4 EL Olivenöl*
- *einige Basilikumblättchen*

Zwiebeln schälen und fein würfeln. Tomaten putzen, vierteln, entkernen und das Fruchtfleisch fein würfeln. Pfefferkörner abtropfen lassen. 1 Orange waschen, trocken reiben, Schale in feinen Streifen abziehen. Beide Orangen auspressen.

Zanderfilets salzen und in Mehl wenden. Öl in zwei Pfannen erhitzen und die Filets darin bei mittlerer Hitze von jeder Seite **2 bis 3 Minuten** goldbraun braten, herausnehmen und warmstellen.

Zwiebelwürfel im heißen Bratfett anschwitzen, mit Orangensaft ablöschen. Tomatenwürfel und Pfefferkörner zufügen und ca. **2 Minuten** köcheln. Fisch und Tomatensugo anrichten und mit Basilikumblättchen und Orangenschale bestreuen. Dazu selbst gemachtes Kartoffelpüree.

Gefüllter Blätterteig mit Zander und Zitronen-Kapern-Soße

4 Zanderfilets (à 125 g)

Salz, frisch gemahlener Pfeffer

2 EL Öl

1 Möhre

200 g Sellerie

1 kleine Stange Porree

2 EL Butter

1 EL Mehl

1/4 l Milch

2 – 3 EL Zitronensaft

1 Glas kleine Kapern (= 20 g)

1 Packung HENGLEIN Frischer Blätterteig (= 275 g)

1 Eigelb

Backofen auf **180 °C** vorheizen. Fischfilet waschen, trocken tupfen, mit Salz und Pfeffer würzen und in heißem Öl kurz von beiden Seiten anbraten. Möhre und Sellerie schälen und waschen. Porree putzen und waschen. Gemüse in feine Streifen schneiden und in kochendem Wasser kurz blanchieren. Butter in einem Topf zerlassen, Mehl darin anschwitzen, Milch angießen und aufkochen. Zitronensaft, abgetropfte Kapern und Gemüsestreifen in die Soße geben und mit Salz und Pfeffer abschmecken.

Blätterteig ausrollen und in vier gleichgroße Stücke teilen. Jeweils etwas von der Gemüse-Soßen-Mischung und ein Zanderfilet in den Blätterteig einschlagen. Die Teigränder gut verschließen, mit verquirltem Eigelb bestreichen und auf einem mit Backpapier ausgelegten Backblech im vorgeheizten Backofen bei **180 °C** ca. **25 Minuten** goldbraun backen.

Backfisch im Bierteig

1 kg Fischfilet (Zander, Forelle, Seelachs)
Saft von 1 Zitrone
250 g Mehl
250 ml Bier
4 Eigelb, 4 Eiweiß
80 g Butter
Salz, Pfeffer
ca. 1 l Öl

Wenn Kinder mitessen, den Teig statt mit 250 ml Bier mit 250 ml Milch zubereiten.

Das Filet unter fließendem Wasser abspülen und mit Küchenpapier trocken tupfen. Dann von beiden Seiten mit Pfeffer und Salz würzen und mit frisch gepresstem Zitronensaft beträufeln.
Das Mehl mit etwas Salz würzen und mit Bier glatt rühren. Das Eigelb unter den Bierteig rühren und den Teig ca. **15 Minuten** ausquellen lassen. Die Butter auf niedriger Temperatur zerlassen und etwas abkühlen lassen, dann mit dem Handrührgerät oder Mixstab unter den Bierteig rühren. Das Eiweiß steif schlagen und unter den Bierteig heben.
Die Fritteuse ohne Korbeinsatz auf ca. **170 °C** vorheizen. Die Fischportionen einzeln durch den Teig ziehen und vorsichtig ohne Korb in das heiße Frittierfett legen. Dabei nur so viele Fischstücke auf einmal frittieren, dass sie sich nicht berühren. Nach ca. **5 Minuten** den ausgebackenen Fisch mit einer Schaumkelle aus der Fritteuse heben und auf Küchenpapier abtropfen lassen. Warm halten, bis der gesamte Fisch frittiert ist. Backfisch mit Zitronenachteln und frischer Petersilie anrichten. Schmeckt sehr gut zu selbst gemachtem Kartoffelsalat oder Röstkartoffeln.

Zanderfilet auf Spargel

2 kg weißer Spargel
1 kg neue Kartoffeln
Salz, 1 Prise Zucker
4 Zanderfilets à 150 g
etwas Mehl
150 g Butter
1 Bund Brunnenkresse

Spargel schälen, die holzigen Enden abschneiden. Kartoffeln waschen und in kochendem Salzwasser in ca. **15 Minuten** garen. Spargelstangen in Salzwasser mit Zucker versetzt zugedeckt **10 bis 15 Minuten** garen.
Fischfilets kalt abbrausen, trocken tupfen und mit etwas Mehl bestäuben. 2 EL Butter in einer Pfanne erhitzen, die Filets von jeder Seite etwa **4 Minuten** bei mittlerer Hitze braten, salzen und pfeffern. Die übrige Butter in einem kleinen Topf zerlassen.
Kartoffeln abgießen und pellen. Brunnenkresse abbrausen, trockenschütteln und von den großen Stielen abzupfen. Spargel aus dem Kochwasser heben, zusammen mit den Kartoffeln und Zanderfilets auf vier Tellern anrichten. Mit Brunnenkresse bestreuen und mit brauner Butter beträufeln.

Zander mit Dillschmand auf Spinat

für 2 Personen

2 Zanderfilets à 200 g

Zitronensaft

2 EL Mehl

Salz, Pfeffer weiß

2 EL Butterschmalz

600 g Blattspinat (TK)

Pfeffer, Muskat, Salz

Dillschmand:

200 g Schmand

1/2 Bund Dill frisch, gehackt

Salz, Pfeffer, 1 Prise Zucker

Zanderfilets mit Zitronensaft beträufeln. **30 Minuten** marinieren lassen. Dann mit Salz und Pfeffer würzen und in etwas Mehl wenden. In einer Pfanne mit heißem Butterschmalz die Filets zuerst auf der Hautseite braten, dann einmal kurz auf die „Bauchseite“ drehen. Warm stellen.
Für den Dillschmand Dill abspülen, trocken tupfen und hacken. Schmand glatt rühren, Dill unterheben und mit den Gewürzen abschmecken.
Blattspinat in einem Topf mit wenig Salzwasser ebenfalls **20 Minuten** köcheln lassen. Mit Salz, Pfeffer und Muskat abschmecken. Dazu schmecken Bratkartoffeln.

Zander aus dem Pergament

350 g Tomaten

1 – 2 Zwiebeln

1 unbehandelte Zitrone

800 g Zanderfilet ohne Haut

Salz, Pfeffer

4 Thymianzweige

40 g Kräuterbutter

Geputzte Tomaten in Viertel schneiden. Zwiebeln schälen und in Ringe schneiden. Zitrone waschen, trockenreiben und in Scheiben schneiden. Zanderfilet ebenfalls waschen, trocken tupfen und in acht Stücke schneiden. Fisch und Tomaten salzen und pfeffern.

Vier mal zwei Bögen Pergamentpapier (ca. 50 cm lang) übereinanderlegen. In die Mitte je Doppelbogen drei Tomatenviertel und zwei Zanderfilets mit 2 Zitronenscheiben und einem Thymianzweig legen. Mit 1/4 der Zwiebeln bestreuen und jeweils 10 g Kräuterbutter darauf geben.

Pergament zu geschlossenen Päckchen falten und auf das Backblech legen. Im auf **200 °C** vorgeheizten Backofen ca. **30 Minuten** garen. Zu Reis servieren.

Ofen-Makrelen mit Kräuterbutter

4 Makrelenfilets à 200 g
2 EL Zitronensaft
100 g Butter
4 EL gehackte Petersilie
Salz, Pfeffer

Fischfilets waschen und gut abtrocknen. Vier ausreichend große Stücke Alufolie oder Pergamentpapier auslegen, die Filets darauf legen und mit Zitronensaft beträufeln. Weiche Butter mit der Petersilie vermengen, mit Salz und Pfeffer abschmecken. Diese Masse auf die Fischfilets streichen. Nun die Folienstücke gut verschließen und in den auf **180 °C** vorgeheizten Backofen geben. **20 Minuten** garen lassen. Fisch aus der Folie nehmen und mit kleinen Kartoffeln auf Tellern anrichten.

Variante: Ofen-Makrelen auf Gemüse

20 g Butter
2 Schalotten, 1 Knoblauchzehe
je 50 g Porree und Möhren
Salz, Pfeffer
1/2 l trockener Weißwein
2 EL gehackte Petersilie
4 Makrelenfilets à 200 g
2 EL Zitronensaft
100 g Butter
4 EL gehackte Petersilie
Salz, Pfeffer

Vier Stücke Aluminiumfolie mit Butter bestreichen, Schalottenwürfel, gehackten Knoblauch, Porreeringe und Möhrenstifte darauf verteilen, würzen. Die Folienränder etwas hochziehen, vorsichtig den Wein hineingeben, mit Petersilie bestreuen. Die Filets mit der Hautseite nach oben auf das Gemüse legen, Folie gut verschließen. Im auf **225 °C** vorgeheizten Ofen **20 Minuten** garen. In der Folie servieren.

Pochierte Makrelen auf Porreegemüse

4 Makrelen à 325 g
Salz
1/2 l + 2 EL trockener Weißwein
4 Porreestangen (nur das Weiße)
30 g Butter
100 g Crème fraîche
Pfeffer, 1 EL gehackte Petersilie

Die ausgenommenen Makrelen säubern, trocken tupfen. Dann **15 Minuten** im gesalzenen Weißwein pochieren, einmal wenden. Porree putzen, waschen, das Weiße in feine Streifen schneiden, in einer Pfanne in der heißen Butter andünsten, 2 EL Wein zugeben, Crème fraîche unterrühren, mit Salz und Pfeffer abschmecken, einmal aufkochen. Makrelen auf das Porreegemüse legen und mit Petersilie bestreut servieren.

Gedünsteter Ostseelachs

für 2 Personen
80 g Möhren
50 g Porree, 50 g Sellerie
1 – 2 EL Zitronensaft
ca. 200 ml Fischfond (S. 34)
100 ml trockener Weißwein
1 Lorbeerblatt, Salz, Pfeffer
2 Lachsfilets à 200 g
20 g kalte Butter
1 EL gehackte Petersilie

Gemüse putzen, Möhren raspeln, Porree in feine Ringe, Sellerie in dünne Stifte schneiden. Alles in eine tiefe Schüssel geben und mit Zitronensaft beträufeln. Fischfond mit Wein und Lorbeerblatt aufkochen, mit Salz und Pfeffer würzen. Gemüse und Fisch **6 bis 8 Minuten** in dem Sud garen, Lorbeerblatt entfernen. Lachsfilets auf eine tiefe Platte legen und warmstellen. Die Butter unter das heiße Gemüse rühren, Petersilie dazugeben. Fisch mit dem Gemüse bedecken und sofort servieren.

Fisch-Gurken-Ragout

750 g Kartoffeln
Salz, weißer Pfeffer
600 g Fischfilet (halb Lachs, halb Scholle)
3 EL Zitronensaft
600 g Schmorgurke
125 g Cocktailtomaten
2 EL Öl, 3/8 l Gemüsebrühe
100 ml Sahne
1 – 2 EL heller Soßenbinder
1 Bund Dill

Geschälte Kartoffeln in grobe Stücke schneiden und in kochendem Salzwasser ca. **20 Minuten** garen. Fischfilets würfeln und mit Zitronensaft beträufeln. Die Gurke schälen, längs vierteln, Kerne ausschaben und das Fruchtfleisch in Scheiben schneiden. Tomaten halbieren.
In einer großen Pfanne das Öl erhitzen, die leicht gesalzenen Fischwürfel ca. **4 Minuten** darin anbraten, dann herausnehmen. Gurkenstücke im Bratfett etwa **3 Minuten** anbraten, Brühe zugeben, aufkochen und weitere **10 Minuten** garen. Sahne zugießen, aufkochen und den Soßenbinder einrühren. Fisch und Tomatenhälften in der Soße erwärmen. Kartoffeln auf vier Teller verteilen, Ragout dazugeben und mit fein geschnittenem Dill bestreuen.

Barsch mit Dill

1,5 kg Barsch
1 EL Salz, Petersilie
Lorbeerblatt, 6 Pfefferkörner
1 Möhre
2 EL Mehl, 2 EL Butter
125 ml saure Sahne
1 EL gehackter Dill

Den vorbereiteten, gewaschenen Barsch in Stücke schneiden. Etwa 1 Liter Salzwasser mit gehackter Petersilie, den Gewürzen und der Möhre ansetzen, zum Kochen bringen und die Fischstücke in diesem Sud garkochen. Aus Mehl und Butter eine helle Mehlschwitze zubereiten und mit saurer Sahne und Dill an die Brühe geben. Über Salzkartoffeln anrichten.

Bunte Fischpfanne

2 Zwiebeln
200 g Tomaten
250 g Zucchini
600 g Fischfilet (Dorsch, Lachs)
Salz, Pfeffer
2 EL Olivenöl
200 ml Gemüsebrühe
1 Dose Artischockenherzen
50 g kleine Kalamata-Oliven
4 EL Pesto aus dem Glas

Gemüse putzen, Zwiebeln und Tomaten in Spalten, Zucchini in Scheiben schneiden. Fisch in grobe Stücke schneiden, mit Salz und Pfeffer würzen.
Öl in einer ausreichend großen Pfanne erhitzen, Fischstücke unter vorsichtigem Wenden je Seite ca. **3 Minuten** braten, herausnehmen und warmhalten.
Zucchini und Zwiebeln in der Pfanne unter Wenden ca. **4 Minuten** braten. Nach ca. **3 Minuten** die Tomatenspalten zugeben. Brühe angießen, aufkochen, dann weitere **3 Minuten** köcheln lassen. Gut abgetropfte Artischockenherzen und Oliven zugeben, erwärmen und würzig abschmecken. Fisch zurück in die Pfanne geben und mit Pesto beträufeln.

Barsch mit Kerbelsoße und Gurkensalat

4 Barschfilets à ca. 150 g

1 EL Olivenöl

600 g kleine festkochende Kartoffeln

Salat:

2 Salatgurken à ca. 250 g

2 rote Zwiebeln

1 rote Paprikaschote

3 EL Weinessig

Salz, Pfeffer, Zucker

2 EL Olivenöl

Soße:

1 Bund Kerbel

30 g Butter

1 EL Mehl

300 ml Gemüsebrühe

200 ml fettarme Milch

Gurken schälen, in feinste Scheiben hobeln. Zwiebeln schälen, halbieren und in Streifen schneiden. Paprika putzen, Kerne und weiße Häutchen entfernen, fein würfeln. Essig mit 2 EL Wasser, Salz, Pfeffer und Zucker nach Geschmack verrühren. 2 EL Öl unterschlagen. Gurke, Paprika und 3/4 der Zwiebelstreifen mit der Marinade mischen, ca. **30 Minuten** ziehen lassen und dann nochmals abschmecken.
Geschälte Kartoffeln ca. **20 Minuten** in kochendem Salzwasser garen. Fischfilets quer halbieren, salzen und pfeffern. Öl in einer Pfanne erhitzen, Fisch darin je Seite **3 bis 4 Minuten** bei mittlerer Hitze braten. Beim Wenden die übrigen Zwiebelstreifen zugeben und mitbraten.
Kerbelblättchen fein hacken. Butter zerlassen, Mehl darin anschwitzen. Mit Brühe und Milch ablöschen. Unter Rühren **1 bis 2 Minuten** köcheln. Mit Salz, Pfeffer und Zucker abschmecken. 3/4 des Kerbels unterrühren. Kartoffeln abgießen und im übrigen Kerbel schwenken. Alles schön anrichten und servieren.

Auf ähnliche Weise lassen sich auch andere Süßwasserfische zubereiten. Karpfenartige Fische wie Rotfeder, Güster oder eben Karpfen haben weiches Fleisch, Hecht hat eher trockneres, Zander und Barsch haben festes Fleisch und sind beinahe grätenfrei. Bei Lachs oder Forelle sollte das Filet stets mit Haut gebraten werden, da es sonst in der Pfanne zerfällt.

Gebratenes Barschfilet auf Sommergemüse

für 2 Personen

- *2 Barsche à 400 g (oder küchenfertiges Filet à 200 g)*
- *2 EL Zitronensaft*
- *Salz, Pfeffer, 1 EL Butter*
- *1 Knolle Rote Bete (alternativ vorgekochte vakuumierte Rote Bete)*
- *1 – 2 Zweige Thymian*
- *200 g Zuckerschoten*
- *250 g Bundmöhren*
- *1 EL Butter*

Fische ausnehmen und filetieren oder küchenfertige Filets verarbeiten. Die Filets unter kaltem Wasser gründlich waschen, trocken tupfen. Dann von beiden Seiten mit Zitronensaft beträufeln. **30 Minuten** im Kühlschrank ziehen lassen. Vor dem Braten leicht pfeffern und salzen.
Die unversehrte Rote Bete gründlich waschen, mit den Thymianzweigen in Alufolie wickeln und bei **180 °C** ca. **60 Minuten** im Ofen garen.
Die Schoten von den Fäden befreien, mit den Möhrchen waschen, putzen, halbieren. Möhren in Salzwasser bei mittlerer Hitze ca. **10 Minuten** garen, Schoten zugeben und zusammen weitere **5 Minuten** bissfest garen. Abgießen und kurz in Butter schwenken.

Soße:

2 Eigelb

1 EL Zitronensaft

1 TL Senf

1 EL Crème fraîche

1 TL Zucker

1 TL getrockneter Estragon

150 g Butter

Salz, Pfeffer

Abgekühlte Rote Bete schälen, in Scheiben schneiden und mit dem übrigen Gemüse auf zwei Tellern schön anrichten. (Achtung: Rote Bete färbt stark – besser Küchenhandschuhe tragen.)

Die Butter in einer Pfanne erhitzen und den Fisch darin von beiden Seiten je **2 bis 3 Minuten** braten.

Für die Soße Eigelb mit Zitronensaft, Senf, Crème fraîche, Zucker, Estragon und wenig Salz in einem hohen Gefäß mit dem Pürierstab pürieren. Die Butter kurz aufkochen und langsam in das Gefäß laufen lassen. Mit Salz und Pfeffer abschmecken. Die Soße über das Gemüse geben und mit dem Fisch mit Kräutern bestreut servieren.

Für ein Gericht mit frischem Flussbarsch sollte man nicht allzu große Exemplare wählen. Empfehlenswert sind Fische von etwa 100 bis 400 Gramm Rundgewicht. Kleinere Flussbarsche sind fester im Fleisch und nach dem Braten knuspriger im Geschmack. Man sollte jedoch beachten, dass der Gewichtsverlust durch das Schlachten und Filetieren bei geübter Handhabung 50 % des Gesamtgewichtes beträgt. Für Filets mit Haut sollten die Flussbarsche vor dem Ausnehmen geschuppt werden.

Fisch-Pilz-Auflauf

500 g Fischfilet (z. B. Dorschfilet)
2 EL Zitronensaft
1 TL Worcestersoße
Salz, Pfeffer
4 mittelgroße Zwiebeln
500 g frische Champignons
4 Tomaten, ca. 250 g
4 EL Öl
1 Dose geschälte Tomaten
125 ml Sahne
2 Eier
gehackter Oregano
gehacktes Basilikum
125 g Mozzarella

Fischfilet unter fließendem kalten Wasser abspülen, trocken tupfen, in mundgerechte Stücke schneiden, mit Zitronensaft und Worcestersoße beträufelt ziehen lassen. Zwiebeln abziehen und in Scheiben schneiden. Champignons putzen, mit Küchenpapier abreiben und in Scheiben schneiden. Von den enthäuteten Tomaten die Stängelansätze herausschneiden und die Tomaten in Scheiben schneiden. Öl erhitzen, die Zwiebel- und Champignonscheiben darin andünsten, mit Salz und Pfeffer bestreuen und zusammen mit dem leicht gesalzenen, gepfefferten Fisch und den Tomatenscheiben in eine gefettete Auflaufform geben. Geschälte Tomaten mit Sahne und Eiern verrühren, dann mit Salz, Pfeffer, Oregano und Basilikum gewürzt über die Zutaten gießen. Mozzarellascheiben auf den Fischauflauf legen. Den Auflauf auf dem Rost bei **180 °C** für etwa **30 Minuten** in den Backofen schieben. Den garen Auflauf mit Petersilie bestreut servieren. Bei großem Hunger Pellkartoffeln oder auch Reis als Beilage reichen.

Fischauflauf mit Kräutersahnesoße

1 kg gemischtes Fischfilet (entweder Süßwasser- oder Meeresfisch)

Salz, Pfeffer

250 g Reibekäse (Gouda)

Soße:

1 Bund gehackte Petersilie

Rosmarin, Oregano, Basilikum, Estragon

1 Zwiebel

4 EL Tomatenmark, evtl. auch mehr

Saft von 1/2 Zitrone

Paprikapulver, rosenscharf

1/4 l Sahne

Für die Soße die frischen Kräuter abbrausen, trockenschütteln, fein hacken, Zwiebel abziehen und fein würfeln. Die Soße kalt anrühren: gewürfelte Zwiebel, Tomatenmark, Zitronensaft, viel Rosenpaprika, gehackte Petersilie, Kräuter und Sahne verrühren.

Küchenfertiges Fischfilet gewürzt und etwas portioniert (in Scheiben oder mundgerechte Stücke geteilt) in eine große gebutterte Auflaufform geben, mit der Soße übergießen, geriebenen Käse darüber verteilen und ca. **40 Minuten** im Ofen bei ca. **180 °C** überbacken.

Dazu schmecken knuspriges Ciabatta oder Salzkartoffeln und grüner Salat. Lässt sich hervorragend vorbereiten und dann nur noch backen.

Wer mag, gibt vor dem Bestreuen mit Käse dünne Pellkartoffelscheiben über den Auflauf.

Fisch-Kartoffel-Gulasch

500 g Fischfilet (wahlweise Dorsch, Barsch, Scholle)

Salz, Pfeffer

Saft von 1 Zitrone

1 Bund Frühlingszwiebeln

500 g Kartoffeln

2 EL Butter

1/8 l Weißwein

1/8 l Fischfond (S. 34)

5 Pfefferkörner

3 Wacholderbeeren

1 Lorbeerblatt

1 Salatgurke

100 g Crème fraîche

1 Bund Dill, fein geschnitten

Den Fisch in mundgerechte Stücke schneiden, mit Zitronensaft beträufeln und **10 Minuten** ziehen lassen. Dann mit Salz und Pfeffer würzen. Die Zwiebeln putzen und in Ringe schneiden, Kartoffeln schälen und würfeln. In einem großen Topf die Butter zerlassen und die Zwiebelringe und Kartoffelwürfel darin andünsten. Mit dem Weißwein und Fischfond ablöschen. Die Pfefferkörner, Wacholderbeeren und das Lorbeerblatt zugeben. Alles ca. **10 Minuten** garen. Inzwischen die geschälte Gurke in Stücke schneiden und zusammen mit dem Fisch in den Topf geben. Weitere **10 Minuten** köcheln lassen. Zuletzt die Crème fraîche unter den Gulasch heben und mit Dill, Salz und Pfeffer würzig abschmecken.

Fisch-Schaschlik vom Grill

800 g Fischfilets (Barsch, Lachs, Dorsch)
Salz, Pfeffer
6 EL Olivenöl
Saft von 1 Zitrone
10 frische Salbeiblätter
1 Lorbeerblatt
200 g Kirschtomaten
200 g Zucchini
200 g gelbe Paprika
100 g Schalotten

Fischfilets unter fließendem Wasser abspülen, trocken tupfen, in 4 cm große Würfel schneiden. In eine Schüssel geben. Olivenöl mit dem Zitronensaft glatt rühren, gehackte Salbeiblätter und das zerbröselte Lorbeerblatt einrühren. Die Marinade über den Fisch träufeln, mit Klarsichtfolie abdecken und ca. **2 Stunden** ziehen lassen, dabei mehrmals wenden.

Inzwischen das Gemüse vorbereiten. Tomaten und Zucchini waschen und abtrocknen, Stiel- und Blütenansätze entfernen. Tomaten halbieren, Zucchini in 3 cm dicke Scheiben schneiden. Paprika ebenfalls waschen, trocknen, halbieren, entkernen und in 3 cm große Stücke schneiden. Die Schalotten schälen und halbieren.

Fisch aus der Marinade heben und abtropfen lassen. Die Fischstücke abwechselnd mit Tomaten, Zucchini, Paprika und Schalotten auf Grillspieße stecken. Fischspieße von allen Seiten **mehrere Minuten** grillen, dabei salzen, pfeffern und mit Marinade beträufeln. Sofort servieren.

Die Fischspieße können auch in der Pfanne zubereitet werden, zum Braten dabei Olivenöl verwenden. Gegrillte Fischspieße sind schnell und einfach zuzubereiten. Fast jede Fischsorte eignet sich dafür und auch Kinder mögen diese Art Schaschlik.

Lachsschnitte auf Spargel im Ofen gegart

für 3 Portionen

600 g kleine neue Kartoffeln

6 EL Olivenöl

Paprikapulver, edelsüß

Salz, Pfeffer

500 g weißer Spargel

Saft und abgeriebene Schale von 1 Zitrone

450 g (Ostsee-)Lachsfilet ohne Haut

gehackter Dill

Soße:

2 Schalotten

2 EL Butter

1/8 l trockener Weißwein

1/4 l Sahne

1 Prise Cayennepfeffer

Backofen auf **200 °C** Ober-/Unterhitze vorheizen.
Kartoffeln waschen und evtl. halbieren wenn sie etwas größer sind. Mit 2 EL Öl, Paprikapulver, Salz und Pfeffer mischen und auf ein tiefes Backblech geben. **20 bis 25 Minuten** im Ofen backen, ab und zu wenden.
Inzwischen den Spargel waschen, schälen und die holzigen Enden abschneiden. 2 EL Öl, Salz, Pfeffer sowie die Hälfte von Zitronensaft und -schale vermischen, die Spargelstangen damit marinieren und zu den Kartoffeln geben und weitere **15 Minuten** garen.
Lachs abspülen, trocken tupfen, und mit restlichem Zitronensaft, -schale, Salz und Pfeffer würzen.
Backofentemperatur auf **140 °C** reduzieren, Fisch auf das Gemüse legen, mit restlichem Öl beträufeln, und ca. **10 Minuten** im Ofen garen lassen.
Für die Soße die Schalotten schälen und fein hacken. Die Butter im Topf erhitzen. Die Schalotten darin weich braten. Mit 1/8 l Weißwein ablöschen und fast ganz einkochen lassen. Sahne hinzugießen und alles solange köcheln lassen, bis eine cremige Soße entstanden ist. Mit Salz, Pfeffer und Cayennepfeffer abschmecken und warm halten.
Lachs zum Servieren in drei Schnitten teilen, auf dem Spargel mit Soße und Kartoffeln anrichten, mit Dill bestreuen.

Hechtsteaks in Zwiebelbutter

- *4 Hechtsteaks à ca. 200 g*
- *Saft von 1/2 Zitrone*
- *Salz, Pfeffer*
- *etwas Worcestersoße*
- *Mehl*
- *1 – 2 EL Butterschmalz*
- *2 kleine Zwiebeln*
- *2 kleine Knoblauchzehen*
- *150 g Butter*
- *1 Bund Schnittlauch, in Röllchen geschnitten*

Die Steaks mit kaltem Wasser gut spülen und mit Küchenpapier trocken tupfen. Dann mit Zitronensaft, Salz und etwas Worcestersoße würzen, in Mehl wenden und von beiden Seiten in Butterschmalz ca. **4 bis 5 Minuten** beidseitig braten.
Inzwischen in einer zweiten Pfanne die fein geriebenen Zwiebeln und Knoblauchzehen in Butter glasig anschwitzen. Die Zwiebelbutter in die Pfanne mit den Steaks geben, nochmals heiß werden lassen. Die Steaks 2 bis 3 Mal wenden, zuletzt salzen, pfeffern und mit Schnittlauchröllchen bestreuen.
Dazu schmecken Petersilien- oder Bratkartoffeln.

Gefüllter Hecht

1 frischer, küchenfertiger Hecht (4 kg)
1/8 l Zitronenessig
4 – 5 EL Worcestersoße
Salz, Pfeffer

Füllung:
2 Zwiebeln
1 Fenchelknolle
je 1 rote und grüne Paprika
1 – 2 EL Butter
350 ml Sahne
500 g feines Kalbsbrät
8 EL gehackte Kräuter (Petersilie, Fenchelkraut, Schnittlauch)
2 Eier
1 Prise Muskat

Hecht waschen und trocken tupfen. Nun die Rückengräte mit einem scharfen Messer entfernen. Dazu das Rückgrat hinter dem Kopf und vor dem Schwanz abschneiden und vorsichtig auf beiden Seiten mit den Brustgräten herauslösen. Restliche Gräten aus dem Filet mit einer Pinzette herausziehen. Den Fisch innen und außen mit Essig und Worcestersoße einreiben und mit Salz und Pfeffer würzen. Im Kühlschrank ca. **10 Minuten** ziehen lassen.
Zwiebeln pellen, fein hacken, Fenchel und Paprika putzen, ebenfalls ganz fein hacken. Alles mit der Zwiebel in Butter dünsten. Mit Sahne ablöschen und **5 Minuten** köcheln, vom Feuer nehmen und vollständig erkalten lassen.
Das Kalbsbrät, die gehackten Kräuter und die Eier zur Gemüsemasse geben und glatt rühren. Die Masse mit Salz, Pfeffer, Worcestersoße und Muskat abschmecken. Den Hecht auf gefettetes Pergamentpapier legen, die Masse hinein füllen, das Papier gut verschließen, auf ein Backblech setzen und im vorgeheizten Backofen bei **180 bis 200 °C 20 bis 25 Minuten** backen.

Mecklenburger Saueraal

für 2 Portionen

- *2 große Zwiebeln*
- *1/4 l Essig*
- *6 EL Zucker*
- *1 Dillzweig*
- *1 TL Pfefferkörner, 1 EL Salz*
- *5 dünne Scheiben frischer Meerrettich*
- *4 Lorbeerblätter*
- *1 küchenfertiger ganzer Aal (mit Kopf ca. 800 – 1000 g)*

In einem großen Topf 1,5 Liter Wasser zum Kochen bringen. Zwiebeln pellen, grob zerschneiden und mit Essig, allen Gewürzen, Dill und Lorbeerblättern ins kochende Wasser geben. Vom Aal Kopf und Schwanzende abschneiden und **10 Minuten** im geschlossenen Topf mitkochen lassen. Inzwischen Aalrumpf in etwa 4 bis 5 cm große Stücke schneiden. Dann die ganzen Gewürze, Aalkopf und -Ende aus dem Sud entfernen, die Aalstücke hineingeben, kurz aufkochen und ca. **10 Minuten** garen lassen. Die gegarten Aalstücke in eine flache Schüssel legen. Den Sud kräftig abschmecken. Aalstücke mit der durchgesiebten Brühe auf Suppentellern servieren. Dazu Brot oder mehlige Kartoffeln, die den Sud aufsaugen.

Im Kühlschrank geliert das Gericht über Nacht und schmeckt am nächsten Tag auch kalt.

Fischfrikadellen

1 kg Weißfisch (Rotfeder, Rotauge, Güster)

Brötchen, Ei, Zitrone

2 Zwiebeln

Salz, Pfeffer, Zucker

1 Bund gehackte Kräuter (z. B. Petersilie, Oregano, Dill, auch gemischt)

Semmelmehl

Butter oder Öl zum Braten

Das ist ein Rezept für Angler zur Verarbeitung kleinerer, grätenreicher Fische.

Zuerst mit einem Filetiermesser saubere Filets aus den küchenfertigen Fischkörpern herausschneiden. Die Filets gründlich mit kaltem Wasser abspülen, von Haut und Gräten befreien und mit Küchenpapier trocken tupfen. Die gesäuberten Fischfilets durch den Fleischwolf drehen (bei Bedarf auch zweimal) und zu einer fleischigen Fischmasse zerkleinern. Fischmasse mit dem eingeweichten Brötchen, Ei, Zitrone, gehackter Zwiebel und nach Geschmack mit Salz, Pfeffer, Zucker und Kräutern vermischen. Man kann auch einen Schuss trockenen Weißwein zugeben. Dann aus der Masse flache, nicht zu große Frikadellen formen.
Die Fischfrikadellen noch einmal in Semmelmehl wenden.
In einer Pfanne Butter oder Öl erhitzen und die Frikadellen von beiden Seiten goldbraun braten.
Fischfrikadellen schmecken lecker zu Kartoffelsalat, Kartoffelpüree oder Salzkartoffeln, mit brauner Butter und mit gehackter Petersilie bestreut.

Variation: Kartoffel-Fisch-Frikadellen

80 g Butter, 150 g Semmelmehl

350 g gekochte Kartoffeln

400 g gargezogenes oder gebratenes Weißfischfleisch (Rotfeder, Güster, Rotauge, alternativ Karpfen)

Salz, Muskat, Petersilie

2 Eier, ca. 100 g Butterschmalz

Die Butter schaumig rühren, 100 g Semmelmehl, geriebene Kartoffeln und das fein gehackte entgrätete Fischfleisch zugeben. Die Masse würzen, alles gut miteinander vermengen und auf einem bemehlten Küchenbrett kleine Frikadellen formen, in geschlagenem Ei wenden, mit restlichem Semmelmehl panieren und in Butterschmalz in der Pfanne braten.

Überbackene Schollenröllchen

4 dünne Schollenfilets à ca. 150 g

Zitronensaft, Weißwein

Salz, Pfeffer, EL Butter

6 feste Tomaten

1/2 l Tomatensoße

200 g Schmelzkäse

200 ml Sahne

100 g geriebener Käse

4 – 5 EL gemischte, gehackte Kräuter

Fischfilets mit kaltem Wasser abspülen, trocken tupfen, mit Zitronensaft und Weißwein beträufeln, mit Salz und Pfeffer würzen. Im Kühlschrank **10 Minuten** ziehen lassen. Eine Auflaufform mit Butter ausfetten. Die Schollenfilets längs halbieren, aufrollen, mit Zahnstochern fixieren und dicht nebeneinander in die Form legen. Die Tomaten enthäuten, entkernen und das Fruchtfleisch in Würfel schneiden. Tomatensoße mit den Tomatenwürfeln vermischt über die Fischrollen verteilen. Schmelzkäse mit der Sahne und dem Reibekäse verrührt über dem Fisch verteilen. Den Auflauf im auf **180 bis 200 °C** vorgeheizten Backofen **10 bis 15 Minuten** garen. Herausnehmen, anrichten, mit den Kräutern bestreut zu Kartoffeln oder Reis servieren.

Heringsklopse

500 g Hering

375 g Hackfleisch halb und halb

1 Brötchen

1 Zwiebel, 1 Ei

Salz, Pfeffer

Soße:

40 g Mehl

40 g Butter

1/2 l Fleisch- oder alternativ Gemüsebrühe

Salz

1 EL Kapern

1 EL saure Sahne

1 Eigelb

Die Heringe über Nacht wässern, dann filetieren und abtropfen lassen. Heringsfilets durch den Fleischwolf drehen. Brötchen einweichen und gut ausdrücken. Zwiebel schälen und in feine Würfelchen schneiden. Fischhack mit dem Hackfleisch, Brötchen, Zwiebelwürfeln und Ei zu einem Teig verarbeiten, mit Salz und Pfeffer abschmecken. Acht bis zehn kleine Klopse aus dem Teig formen. Das Mehl in zerlassener Butter hellgelb anschwitzen, unter ständigem Rühren die Fleischbrühe angießen, **10 Minuten** kräftig durchkochen. Mit Salz abschmecken, Kapern, Sahne und Eigelb hineingeben. Die Klopse ca. **30 Minuten** in der würzigen Soße garen. Mit Kartoffelpüree oder Dillkartoffeln servieren.

Seebrücke in Sellin auf Rügen

Hechtfrikassee

1 Hecht (ca. 1,5 kg)
Salz
60 g Butter, 20 g Margarine
1/4 l Weißwein
5 Sardellenfilets
5 Zitronenscheiben
Semmelbrösel
1/8 l saure Sahne

Den vorbereiteten Hecht in Stücke schneiden und in eine Kasserolle legen. Salzen, mit Butter und Margarine bestreichen. Den Wein darüber gießen. Sardellenfilets und Zitronenscheiben feinwiegen, dazugeben und alles mit Semmelbröseln bestreuen. Die Kasserolle zudecken, die Hechtstücke langsam weich dämpfen. Den Fischsud mit der gut durchgerührten sauren Sahne binden. Das Hechtfrikassee in einem Kartoffelbreirand anrichten.

Würziges Kartoffelpüree

1 kg Kartoffeln
1 Tasse geriebene rohe Sellerieknolle
ca. 150 – 200 ml heiße Milch
Salz, 2 EL Butter
gehacktes Selleriegrün oder Petersilie, alternativ je 50 g gebratene Speck- und Zwiebelwürfel

Kartoffeln schälen, gar kochen und sofort durchpressen. Mit Selleriegrün, Butter, Salz und so viel heißer Milch verrühren, dass ein cremiger Brei entsteht. Mit gehackten Kräutern bestreuen. Wer es noch würziger möchte, mischt gebratene Speck- und Zwiebelwürfel unter.

Gefüllter Karpfen vom Blech

1 Karpfen (ca. 2 kg), küchenfertig

Salz, Pfeffer

100 g Sahnemeerrettich (aus dem Glas oder selbst zubereiten)

2 Möhren

1/4 Sellerieknolle

2 Porreestangen

1 Zwiebel

1 Bund Petersilie

8 – 10 EL Olivenöl

Den Fisch abspülen, trocken tupfen und rundum salzen und pfeffern. Dann den Karpfen innen und außen mit dem Sahnemeerrettich bestreichen. Das Gemüse putzen, in grobe Würfel oder Scheiben schneiden und miteinander vermischen. Das Öl auf ein Backblech geben und bei **180 °C** erhitzen.

Den Karpfen mit der halben Gemüsemenge füllen, mit Spießchen die Bauchhöhle etwas verschließen. Karpfen auf das vorgeheizte Blech legen und im Ofen insgesamt **1 Stunde** backen. Dabei alle **10 Minuten** etwas von dem Fett über den Fisch geben. Nach **30 Minuten** das übrige Gemüse um den Karpfen herum legen. Ist der Karpfen fertig, mit Petersilie bestreuen und servieren.

Dazu Kartoffeln mit Petersilie oder Ofenkartoffeln.

Man kann auch gleich Kartoffelspalten mit auf dem Backblech garen.

Gebackener Karpfen

1 Karpfen (ca. 2 kg)

Salz, Pfeffer

Mehl

3 Eier

3 TL Öl

Semmelmehl

Schmalz oder Öl zum Backen

Sahnemeerrettich:

2 EL frisch geriebener Meerrettich

2 EL saure Sahne

Salz, Pfeffer, Zucker

Wenn man den Fisch nicht bereits küchenfertig gekauft hat, dann schuppen, ausnehmen, gut reinigen und in Portionsstücke von etwa 3 bis 4 cm Breite teilen. Die Hautseite mehrmals einschneiden, damit der Fisch leichter durchbäckt. Dann die Fischstücke salzen und pfeffern. Einige Minuten einziehen lassen.

Währenddessen die Eier mit 4 EL Wasser und dem Öl gut schlagen. Nun die Karpfenstücke in Mehl wenden, durch das Ei ziehen und mit Semmelmehl panieren. Die Karpfenstücke vorsichtig in ein heißes Fettbad geben, zuerst mit der Hautseite nach unten und auf beiden Seiten goldbraun und knusprig backen. In **12 bis 15 Minuten** sind die Portionen gar. Mit einem Schaumlöffel herausheben und gut abtropfen lassen. Auf einer vorgewärmten Platte anrichten und mit Petersilie und Zitronenspalten garnieren. Kartoffeln, Kartoffelsalat sowie Sahnemeerrettich dazu reichen.

Dafür Meerrettich mit der sauren Sahne verrühren und mit Salz, Pfeffer und Zucker abschmecken.

Karpfenschnitzel

4 Karpfenfilets à 200 g
Saft von 1 Zitrone
Salz, Pfeffer
Mehl
2 – 3 Eier
reichlich Semmelbrösel
100 g Butter

Filetstücke waschen und trocken tupfen. Mit Zitronensaft einreiben und mit Pfeffer würzen.
Eine Panierstraße aufbauen: Eier in einem tiefen Teller verrühren, auf den nächsten Teller Mehl und auf den dritten die Semmelbrösel geben. Die Butter in einer großen Pfanne zerlassen, aber nicht zu heiß werden lassen. Dann die Fischstücke salzen und wie ein Schnitzel panieren: erst in Mehl, dann in Ei und zuletzt in den Bröseln wenden. Die Panade vorsichtig festdrücken und nun die Fischschnitzel mit der Hautseite zuerst in der Butter auf beiden Seiten knusprig braten. Dazu schmecken Kartoffelsalat, aber auch Kartoffelpüree, Röst- oder Petersilienkartoffeln mit etwas brauner Butter.

Karpfen auf Matrosenart

2 kg Karpfen

Salz

1 große Zwiebel

6 kleine Zwiebeln

2 Knoblauchzehen

1 Kräutersträußchen (Petersilie, Thymian und 1 Lorbeerblatt = Bouquet garni)

einige Pfefferkörner

1 mittelgroße Möhre

1/2 Sellerieknolle

1 – 1 1/2 Flaschen Rotwein

Mehlbutter (aus 2 TL Butter und 1 TL Mehl)

Den küchenfertigen, gut gewaschenen Karpfen mit einem Sägemesser in 2 cm breite Tranchen schneiden. Die Kopfstücke von den Kiemen befreien. Die Tranchen leicht salzen und mit Zwiebelscheiben, den kleinen Zwiebeln, Knoblauchzehen und dem Kräutersträußchen in einen großen Topf geben. Die Pfefferkörner, dünne Möhrenscheiben sowie zu dünnen Scheiben geschnittenen Sellerie ebenfalls zufügen. Dann so viel Rotwein angießen, dass die Fischstücke gerade bedeckt sind. Den Topf zudecken. Alles langsam zum Sieden bringen. Die Karpfenstücke **10 bis 15 Minuten** gar ziehen lassen, vorsichtig herausnehmen. Die Rotweinbrühe etwas einkochen lassen und mit Mehlbutter binden. Wenn sich die Mehlbutter aufgelöst hat, wird die dünnflüssige Soße über die Fischstücke gegossen und das Matrosengericht mit gerösteten Weißbrotscheiben zu Tisch gebracht.

Das Rezept ist in der Tat nur etwas für trinkfeste Matrosen – bei fast anderthalb Flaschen Rotwein als (wichtige) Zutat. Allerdings reduziert sich der Alkohol natürlich etwas beim Kochen.

Zander im Salzteig

1 Zander mit Haut ca. 1 – 1,5 kg (alternativ Meerforelle)

3 Zitronen

Pfeffer, Salz

1 Bund gehackte Kräuter nach Geschmack (Petersilie, Basilikum, Dill)

einige Knoblauchzehen (nach Geschmack)

Salzteig:

2 – 3 kg Meersalz

etwas Mehl

Wasser

3 Eiweiß

100 g Butter

Je nach Fischgewicht benötigt man die doppelte Menge an Salz. Aus Meersalz, Mehl, Wasser und Eiweiß einen Teig zubereiten.

Den Zander schon beim Einkauf ausnehmen lassen, zu Hause nochmal gut abspülen und trocken tupfen. Zander innen und außen mit wenig Salz, Pfeffer und Zitronensaft von 1 Zitrone würzen und mit Kräutern und/oder Knoblauch füllen.

Ein zur Fischgröße passendes Backblech mit Salzteig auslegen, den Zander mehlieren und darauf legen. Den Fisch dann gänzlich mit Salzteig ummanteln und im auf **250 °C** vorgeheizten Ofen **5 Minuten** anbacken. Bei **180 bis 200 °C** in ca. **30 Minuten** gar backen. Etwas abkühlen lassen und die Kruste abklopfen. Dabei bleibt auch die Haut zurück. Den Fisch portionieren und mit Kräutern und Zitronenstücken garniert zu Tisch geben. Dazu die heiße flüssige Butter in einem Extratöpfchen servieren.

Besonders begehrt bei Anglern sind Meerforellen, die man mit etwas Glück in den inneren Küstengewässern der Ostsee, z.B. im Strelasund, fangen kann.

Stefan Bützow

Die besten *Fischrezepte* aus *Mecklenburg-Vorpommern*

BuchVerlag für die Frau

Foto S. 2: Typisches schilfgedecktes Haus in Ahrenshoop

MIX
Papier aus verantwortungsvollen Quellen
FSC® C084279
www.fsc.org

ISBN 978-3-89798-512-4

2. Auflage 2018

Covergestaltung und Layout: Uta Wolf, Quedlinburg
Bildnachweis siehe S. 95
Druck und Bindung: Print Consult GmbH
Printed in Germany

www.buchverlag-fuer-die-frau.de